Wie die Mennoniten entstanden sind

J. C. Wenger

Wie die Mennoniten entstanden sind

J. C. Wenger

CMV

Titelgrafik: Zürich um 1834, Stahlstich von Henry William Bartlett (1828–1854). In der Mitte der Wellenbergturm, abgebrochen 1837, rechts Wasserkirche und Grossmünster, links das Kaufhaus, abgebrochen 1898.

ISBN 978-3-86701-801-2
CMV Best.-Nr.: 701.801 bzw. 30801

Satz & Umschlag: CMV

Printed in Germany

Inhalt

1. In einem biblischen Glauben verwurzelt........7

2. Den Reformatoren verpflichtet................18

3. Auf der freikirchlichen Tradition aufgebaut 29

4. Mit dem friedlichsten Flügel des
niederländischen Täufertums verbunden 47

5. Auswanderer aus Mitteleuropa................53

6. Auf dem Erdball verstreut 66

7. Blick in die Zukunft 74

1.
In einem biblischen Glauben verwurzelt

Die Mennoniten führen ihren Glauben (wie alle wahren Christen) auf Christus und die Bibel zurück. Christen glauben, dass Jesus der Sohn Gottes ist, der gesandt wurde, um unter den Menschen zu leben. Sie glauben, dass Er vom Heiligen Geist empfangen und von der Jungfrau Maria geboren wurde. Er wuchs im Dorf Nazareth in Galiläa im Hause des Josef auf. Als Er etwa 30 Jahre alt war, wurde Er von dem Propheten Johannes getauft. Dann begann Er sofort, drei Jahre lang zu lehren, zu heilen und Gutes zu tun. (Über Sein Leben und Seine Lehre wird in den vier Evangelien des Neuen Testaments – Matthäus, Markus, Lukas und Johannes – klar berichtet.)

An dem Tag, der Karfreitag genannt wird (etwa 30 n. Chr.), wurde der Herr Jesus gekreuzigt.

Das war ein düsterer, schrecklicher Tag für die Gläubigen, seine zwölf Apostel miteingeschlossen. Ihre Hoffnungen wurden vernichtet. Sie befanden sich in äußerster Verzweiflung. Sie vergaßen, dass Er ihnen wiederholt Seinen Tod angekündigt hatte. Sie vergaßen auch Seine Verheißung, dass Er am dritten Tage wieder auferstehen würde. Am ersten Tag der Woche, den wir jetzt Ostersonntag nennen, ist der Herr Christus auferstanden. Er erschien zuerst Maria Magdalena und einigen Frauen, die den zwölf Jüngern diese gute Nachricht brachten. Zuerst glaubten sie dem Augenzeugenbericht der Frauen nicht. Später akzeptierten die Zwölf langsam die herrliche

Wirklichkeit, dass ihr Herr tatsächlich von den Toten auferstanden war.

Zuerst fanden sie das leere Grab. Dann zeigte Jesus ihnen Seine Hände und Seine Füße. Er forderte Thomas auf, seine Hände in Seine Seite zu legen, wo der Speer des Soldaten Ihn durchbohrt hatte. Jesus erinnerte sie auch an Seine Verheißung, dass Er auferstehen würde, und ihnen fielen Seine Worte wieder ein. Dadurch wurden sie völlig überzeugt, dass Er wirklich der auferstandene Christus war, der mit ihnen aß und trank. In den 40 Tagen nach der Auferstehung erschien Jesus Seinen Jüngern und anderen Gläubigen. Er fuhr dann in den Himmel auf, wo Er zur rechten Hand Gottes sitzt. Hier hat Gott Ihm den Platz der höchsten Vollmacht und Herrschaft gegeben. Der gekreuzigte Jesus wurde ihr lebendiger Herrscher und Herr, genauso wie Er es heute für uns ist.

Die Jünger erhalten Kraft

Der Tod Jesu entmutigte und zerstreute Seine Jünger. Aber Seine Auferstehung und die Ausgießung des Heiligen Geistes zehn Tage nach seiner Himmelfahrt brachten sie mit Kraft und Sieg zusammen. Sie waren alle zum Gebet und zur Andacht an einer Stätte versammelt. Plötzlich war das Wehen eines Windes zu hören und „Zungen wie vom Feuer" erschienen über ihren Köpfen. Sofort wurden die Gläubigen vom Heiligen Geist erfüllt und begannen, Gott zu preisen. Diejenigen, die aus anderen Ländern nach Jerusalem gekommen waren, um dort zu Pfingsten anzubeten, hörten diesen Lobpreis in ihren verschiedenen Sprachen. Diese Taufe mit dem Heiligen Geist durch Jesus, die Jesu Verheißung in Apostelgeschichte 1,5 erfüllte, begründete die christliche Gemeinde. Sie steht im Gegensatz zur Wassertaufe des Johannes, die in jedem der vier Evangelien erwähnt ist. Diese Ausgießung des Heiligen Geistes gab den Jüngern Kraft, anderen von der frohen Heilsbotschaft durch den gekreuzigten und auferstandenen Herrn zu sagen.

An jenem Pfingsttag ergriff Petrus die Gelegenheit, um vor all den Juden, die in Jerusalem waren, Zeugnis abzulegen. Er sagte ihnen, dass der Mann, den sie gekreuzigt hatten, Jesus von Nazareth, in der Tat der Messias der alttestamentlichen Prophezeihungen war. Petrus sagte im Grunde folgendes: „Ihr habt Jesus getötet, denn ihr wusstet nicht, dass Er der Gesalbte Gottes war. Aber Gott hat Ihn von den Toten auferweckt, und jetzt ist Er zur Rechten Gottes. Dort wird Er bis zu Seiner herrlichen Wiederkehr bleiben. Alle Propheten haben von Ihm gezeugt. Wer seine Sünden bereut und sich im Glauben zu diesem auferstandenen Herrn kehrt, wird Erlösung empfangen. Das heißt, eure Sünden werden vergeben und ihr tretet in einen Stand geistlicher Gesundheit und Wohlergehens, der Erlösung genannt wird." Viele der Juden glaubten Petrus' Botschaft. Sie taten Buße über ihren Unglauben und kehrten sich im Glauben zu ihrem Messias. Freude und Friede zogen in ihre Herzen ein. Der Heilige Geist erfüllte die Gläubigen mit großer Liebe zueinander. Jeder war bereit, seine Habe mit denen zu teilen, die in Not waren. Die Gläubigen wuchsen in ihrer neuen Gemeinschaft. Sie lehrten Erlösung durch Christus, hielten das Mahl des Herrn (Brechen des Brotes) und beteten zusammen (Apostelgeschichte 2,42).

Die Gemeinde organisiert sich

Die frühen jüdischen Christen folgten bei der Organisation dem Synagogensystem. Dieses System hatte sich während der jüdischen Gefangenschaft in Babylon entwickelt. Dort waren die Juden nicht in der Lage gewesen, in ihrem Jerusalemer Tempel anzubeten. So kamen Gruppen von jüdischen Familien, zehn oder mehr an der Zahl, an jedem Sabbat zusammen, um Gott anzubeten und zu hören, wie das Gesetz und die Propheten gelesen und gelehrt wurden. Über jede dieser Gruppen oder „Synagogen" hatten drei Vorsteher den Vorsitz. Einer von ihnen war der Hauptvorsteher, eine Art Vorsitzender der Gruppe. Diese Leiter, Älteste genannt, wurden von der Gruppe gewählt.

So formten die frühen jüdischen Christen Gemeinden von Gläubigen und wählten Älteste für jede Gemeinde. Einige der Ältesten hatten Gaben als Lehrer und Redner und wurden von der Gemeinde besonders anerkannt. Diese Ältesten (auf Griechisch *presbyter*) wurden auch Aufseher genannt. Ihre besondere Verantwortung war, über das geistliche Leben und die Entwicklung der Mitglieder zu wachen. Sie beschützten die Gruppe auch vor Irrlehrern. Später wurden Diakone (oder Helfer) berufen, um diesen Ältesten oder Aufsehern zur Seite zu stehen. Die Qualifikationen für Aufseher und Diakone sind in 1. Timotheus 3 genannt. Zu diesem Zeitpunkt der Organisation gab es keine regionalen, nationalen oder internationalen Konferenzorganisationen. Die Organisation war einfach und örtlich begrenzt.

Der Glaube breitet sich aus

Innerhalb von zwanzig Jahren führte der Geist Gottes die christliche Gemeinde in neue Gebiete. Paulus und Barnabas wurden von der Gemeinde nach Antiochien (dem gegenwärtigen Syrien) ausgesandt, um die christliche frohe Botschaft der Heidenwelt im Westen zu bringen. Durch Gottes Segen waren sie in der Lage, eine Kette von Gemeinden quer durch das römische Reich zu gründen. Paulus kam in seinen Missionsbestrebungen nach Rom, traf dort aber als Gefangener unter Bewachung ein. Im ersten Jahrhundert trugen Missionslehrer den Glauben auch in den Osten, wahrscheinlich bis Indien. Aus frühen kirchlichen Aufzeichnungen geht hervor, dass der Apostel Thomas zahlreiche Gemeinden in Indien gründete, ehe er als Märtyrer starb.

Bis 180 n. Chr. hatte das Christentum „die Grenzen des Westens" erreicht. Es hatte sich bis Spanien und über Nordafrika verbreitet. Auf dem Konzil von Arles 314 n. Chr. waren Bischöfe aus den Gebieten der heutigen Bundesrepublik Deutschland und Frankreichs, sowie aus England zugegen. Die deutschen Stämme waren jedoch stark gegen das Christentum eingestellt, und es wurde von Karl dem Großen militärische Macht angewandt, um die Sachsen zu „bekehren" und unter Zwang zu taufen. Bis 1000 n. Chr. hatte sich das Christentum auch bis Skandinavien und Russland ausgebreitet.

Schwierigkeiten von außerhalb

Es war jedoch nicht lange nach Pfingsten, als die frühen Christen von Seiten der jüdischen Behörden bereits zu einem gewissen Grad verfolgt wurden, wie wir in der Apostelgeschichte lesen. Einige der Apostel wurden gefangen genommen. Die Römer verurteilten einige christlichen Führer zum Tode, um den jüdischen Behörden zu gefallen.

Normalerweise erlaubte die römische Regierung den unterworfenen Völkern die Ausübung ihrer eigenen Religionen. In den Augen Roms war das Judentum eine gesetzlich anerkannte Religion. Zuerst hielt

Rom das Christentum für eine Abart des Judentums, und so ließ es die Christen mehr oder weniger in Ruhe.

Später änderte sich jedoch die Haltung der Beamten der römischen Regierung, und sie begannen, die Christen zu verfolgen. Die Christen kamen daher nachts geheim zum Gottesdienst zusammen. Die Feinde des christlichen Glaubens beschuldigten die Gläubigen, dass sie sich bei ihren geheimen nächtlichen Versammlungen bösen Bräuchen hingäben. Weil die Gläubigen das Mahl des Herrn gemeinsam aßen und tranken, beschuldigten die Feinde sie, dass sie Menschenopfer brachten.

Es folgten Leiden und Verfolgung, wobei manche Christen gejagt und getötet wurden. Die frühen Gläubigen litten auch unter zwei schweren Verfolgungsperioden, die sich auf das ganze Reich erstreckten: (1) unter den Kaisern Dezius (249–251) und Valerian (253–260) und (2) unter Diokletian (284–305). In diesen zwei Perioden wurden viele Christen entmutigt und gaben den Glauben auf.

Konstantin der Große (280–337) war der erste Kaiser, der den Christen offen seine Gunst zeigte. Er machte der Verfolgung ein Ende und erließ Gesetze, die für die Christen günstig waren. Diese Gesetze bildeten den Anfang der Staatskirche. Konstantin selbst blieb während seiner Herrschaft ein heidnischer Hoherpriester, ließ sich aber schließlich auf dem Sterbebett taufen.

Schwierigkeiten innerhalb der Kirche

Solange die Gemeinde eine verfolgte Minderheit war, blieb sie in der Lehre und im Leben verhältnismäßig rein. Es gab zwei Ausnahmen. Eine davon war die Entwicklung einer Führergruppe oder Hierarchie.

Die andere war die Entwicklung des Sakramentalismus – eine Auffassung, die die Zeremonien des Neuen Testaments mit Zauberei verband.

Die Entwicklung einer Hierarchie zerstörte den Bruderschaftscharakter der Gemeinde. Die frühen Geistlichen stiegen von Unterdiakonen zu Diakonen, zu Priestern, zu Bischöfen, zu Metropoliten, zu den fünf Patriarchen des Reiches auf. Schließlich bemühten sich die beiden obersten Bischöfe um den ersten Platz: der Bischof von Konstantinopel und der Bischof von Rom. Im sechsten Jahrhundert ging der Bischof von Rom siegreich aus dem Ringen hervor. Aber das Verhältnis zwischen Rom und dem Osten war nicht gut. Im Jahre 1054 teilte sich die Kirche und es entstand die römisch-katholische Kirche des Westens und die orthodoxe Kirche im Osten.

Die Entwicklung des Sakramentalismus verzerrte das Wesen des Glaubens. Ein „Sakrament" ist eine kirchliche Zeremonie, die in ihrer eigenen Wirkung als mächtig betrachtet wird – ganz gleich, wer sie handhabt und wer daran teilnimmt. So dachte man, dass ein Mensch geistlicher würde, wenn er das Abendmahlsbrot aß und den Wein trank. Ein großer Teil der christlichen Kirche hält noch heute an diesem fast magischen Verständnis der Zeremonien des Neuen Testaments, wie Taufe und Abendmahl, fest.

Abgesehen von diesen beiden tragischen Entwicklungen erhielt die Gemeinde ihre Trennung von der Regierung bis zur Zeit des mächtigen römischen Kaisers Konstantin aufrecht. Aber als er, ein römischer Herrscher, der Kirche freundlich gesinnt war, stolperten die Christen beinahe übereinander, um ihn aufzunehmen. Ein oder zwei Generationen später begann die Kirche, sich an militärischen Unternehmungen zu beteiligen. Von der Zeit der Apostel an bis zur Zeit

Konstantins hatte die Gemeinde im allgemeinen nicht zur Waffe gegriffen. Nun entschied sie plötzlich, dass sie im Krieg doch das Schwert ergreifen konnte. Es schlichen sich auch heidnische Bräuche in die Kirche ein. Nach und nach wurde das frühere Leben der Heiligung und Absonderung von weltlichen Dingen aufgegeben. Einige Einzelpersonen wurden von der Kirche verfolgt.

Die Kirche verliert Lebenskraft

Die Kirche des Neuen Testaments war eine liebende, fürsorgliche, heilende Gemeinschaft, aber im Laufe des Mittelalters verlor sie diese Lebenskraft. Ein Mitglied der Kirche zu sein bedeutete nun, die Zeremonien der Kirche von der Geburt bis zum Tode einzuhalten. Die Zeremonien Christi waren von Jesus als frohe Feiern verwandelter und treuer Jünger gedacht. Jetzt wurden sie als mächtige Kanäle der Gnade Gottes unabhängig von persönlichem Glauben und Heiligung betrachtet. Man neigte dazu, einen lebendigen Glauben an Christus und den Gehorsam gegen sein Wort zu ersetzen durch Festhalten an einem bestimmten Glaubensbekenntnis.

Die Geistlichen sollten demütige Prediger des Wortes und Diener des Volkes Gottes sein. Sie wurden jetzt aber für Priester gehalten, die die bemerkenswerte Kraft hatten, die „Oblate" (das Brot) des Abendmahls in den Leib, und den Wein in das Blut des Herrn zu verwandeln. Das Abendmahl war von Christus als heilige und frohe Feier des gebrochenen Leibes und des vergossenen Blutes des Herrn gedacht. Es wurde zur „Messe", einem erneuten Darbieten des Leibes Christi (obwohl ohne Blut) als Opfer vor Gott, um Seine Gunst zu erlangen. Gebete wurden zu Maria, der Mutter Jesu, gesprochen, zu Engeln, zu hervorragenden Heiligen, die gestorben waren, und zu den Aposteln im Himmel. Man dachte, dass diese Personen Zugang zu Gott hatten und für denjenigen, der betete, Fürsprache einlegen konnten.

Man sagte, dass verschiedene Gegenstände, „Reliquien" genannt, großen Verdienst bei Gott hatten – sie wurden „verehrt". Diese Reliquien umfassten Gegenstände wie Zweige von dem brennenden Busch, den Mose sah, Haare vom Bart Johannes des Täufers, von Christus am Kreuz vergossenes Blut, Gebeine von verschiedenen Märtyrern und so weiter. Die meisten dieser Gegenstände waren nicht echt.

Selbst der neutestamentliche Heilsplan verlor seine Klarheit. Man dachte, dass ein Mensch durch Empfang der Sakramente des ewigen Lebens teilhaftig würde; sie wären wie Leitungen, die die Gnade Gottes vermittelten. Die Kirche war nicht mehr die Gemeinschaft der Heiligen; sie wurde als die Einrichtung betrachtet, die Männern und Frauen Erlösung brachte.

Die Lehre vom Leben nach dem Tode wurde ebenfalls geändert. Neben der biblischen Lehre von Himmel und der Hölle begann die Kirche des Mittelalters an das Fegefeuer zu glauben. An diesem Ort vorübergehender Strafe litten die Christen für ihre Sünden, ehe sie in den Himmel kamen (das heißt, wenn sie mit vergebbaren – fleischlichen – Sünden starben, nicht Todsünden). Die Kirche begann auch zu lehren, dass alle ungetauften Kleinkinder in ein „Nichts" kamen. Dort war ihnen der Himmel auf immer versperrt.

Die Kirche lehrte ebenso, dass Christus und hervorragende „Heilige" Extraverdienste erlangt hatten. Man sagte, dass sich diese in der „Schatzkammer der Verdienste" befanden und der Kirche zur Verfügung standen. Wegen dieser angehäuften Verdienste konnte die Kirche „Ablässe" gewähren – Tilgungen der Strafen, die einem im Fegefeuer bestimmt waren. Solche Ablässe wurden von der Kirche sogar verkauft.

Das geistliche Leben der Kirche wurde weiter untergraben. Der Bischof von Rom wurde Papst genannt. Mehrere Päpste verloren ihre Gottesfurcht. Bald wetteiferten sie mit Königen um die Oberherrschaft und versanken in der Korruption der Macht. Wie die Könige führten diese Päpste Krieg, Intrigen und verübten andere Verbrechen bürgerlicher und moralischer Art. Später kämpften sie unter sich, während jeder behauptete, er sei das alleinige wahre Haupt der Kirche.

Der Islam tritt auf die Bildfläche

Diese unbiblischen Zusätze zum Glauben schwächten das Gottesvolk. Etwa 622 n. Chr. begründeten Mohammed und seine Anhänger den Islam (was „Ergebung in den Willen Gottes" bedeutet). Die Kirche sah sich jetzt einer neuen Drohung gegenübergestellt. Vom siebten Jahrhundert an breitete sich der Islam in Nordafrika aus. Viele christliche Kirchen in diesem Gebiet wurden vernichtet. Diese neue Religion sprang auf Spanien über. Gleichzeitig verbreitete sie sich im Osten des Mittelmeergebietes, nahm das Heilige Land ein und erreichte Konstantinopel.

Leider beschloss die Kirche Kreuzzüge durchzuführen, d. h. Militärmacht einzusetzen, um den „Ungläubigen" das Heilige Land zu nehmen. (Die Moslems waren in Wirklichkeit nicht Ungläubige, sondern Monotheisten, die an einen Gott namens Allah glaubten.) Diese „Kreuzzüge" des elften, zwölften und dreizehnten Jahrhunderts waren ganz und gar nicht Christus ähnlich. Der christliche Weg wäre gewesen, den Moslems die Erlösung der Christen zu bringen. Stattdessen wandte die Kirche Zwang an, um zu plündern und zu töten. Als Institution war die Kirche auf einen sehr tiefen Punkt gesunken. Sie brauchte Erneuerung, Reinigung und eine Rückkehr zum neutestamentlichen Christentum. Aber wer konnte eine solch wichtige Umkehr bewirken?

Gott sendet Reformatoren

Von Zeit zu Zeit bröckelten kleine Gruppen von der christlichen Kirche ab, um zu versuchen, wieder eine neutestamentliche Kirche zu gründen. Gruppen innerhalb der Kirche begannen ebenfalls, gegen die weltliche Natur der Kirche zu protestieren. Im dritten Jahrhundert traten Mönche und Klöster in Erscheinung. Es gab drei Arten von Mönchen: (1) Einsiedler um Christi willen, (2) Mönche, die in einer Gemeinschaft lebten, die Kloster genannt wurde, und (3) Bettelmönche, die umherzogen und von Almosen lebten. Mönchen war es nicht erlaubt, zu heiraten, vielmehr legten sie das Gelübde ab, ehelos zu leben. Frauen, die das gleiche Gelübde der Armut, Ehelosigkeit und des Gehorsams vor der rechten kirchlichen Behörde ablegten, wurden Nonnen genannt. Die Häuser oder Klöster, in denen sie lebten, wurden Stifte genannt.

Individuelle Schriftsteller und Reformatoren begannen ebenfalls, gegen die Weltlichkeit, den Ungehorsam und die Untreue der Kirche zu protestieren.

2.
Den Reformatoren verpflichtet

Viele Verfasser und Reformatoren begannen, zur Erneuerung der Kirche aufzurufen. Diese Einzelpersonen waren von einem neuen Interesse an der Literatur und Kunst des alten Roms und Griechenlands beeinflusst. Diese Erneuerungsbewegung, „Renaissance" genannt, veranlasste religiöse Gelehrte und Priester zum Studium der Originalsprachen der Bibel. Als diese Priester die Heilige Schrift neu entdeckten, begannen sie, viele der Lehren der mittelalterlichen Kirche in Frage zu stellen.

Frühe Reformatoren treten auf

Waldus

Der wichtigste Reformator gegen Ende des Mittelalters war ein Franzose namens Waldus. Aufzeichnungen jener Tage erwähnen seinen Namen nicht. Er wurde wahrscheinlich um das Jahr 1140 n. Chr. geboren. Im Alter von über dreißig Jahren war er ein wohlhabender Kaufmann in der französischen Stadt Lyon. Er war auch ein sehr eifriger Student des Neuen Testaments. Durch seine Studien erkannte er bald, dass der Rat des Herrn an den reichen jungen Mann in Kapitel 10 des Markusevangeliums auch ihm galt. Er sah klar, dass ein Christ nicht leben kann, um Wohlstand zu erlangen, sondern das neutestamentliche Vorbild für eine schlichte Lebensweise annehmen muss. Auch lehnte er jegliches absichtliche Töten von Menschen, etwa das Töten im Krieg oder das Hinrichten von Verbrechern, ab. Er war der Ansicht, dass Christen der

Lehre Christi folgen sollten, keinen Eid zu schwören, und er verwarf die Lehre vom Fegefeuer. Er vertrat weiter die Meinung, dass Christen keine weltlichen Theater und Tänze besuchen sollten, und lehrte, dass Gläubige keine Wirtshäuser aufsuchen sollten.

Männer und Frauen wurden angezogen von seiner ungewöhnlichen, gehorsamen Lebensweise, wie sie im Neuen Testament befohlen ist. Bald hatte er Scharen von Anhängern. Diese „Waldenser" waren auch den unbiblischen Lehren und Gebräuchen der römischen Kirche gegenüber kritisch. Sie waren über das unchristliche Leben vieler Geistlicher sehr besorgt. Die Waldenser waren solch radikale neutestamentliche Christen, dass sie sogar die Weihe von Kirchengebäuden ablehnten – sie gaben nur Gott im Gottesdienst ihr eigenes Herz.

Waldus lebte, was er predigte. Er verkaufte sein Geschäft und versorgte seine Familie. Dann reiste er durch Europa, um die Einfachheit des Glaubens und Lebens zu lehren. Er lehrte Liebe statt Zwang als Mittel zur Beendigung von Konflikten (Wehrlosigkeit) und treuen Gehorsam gegen den Herrn Christus. Im Jahre 1179 befahl ihm die Kirche von Rom, mit der Predigt solcher Lehre aufzuhören, aber er beachtete den Befehl nicht. Fünf Jahre später exkommunizierte ihn der Papst. Waldus fuhr jedoch fort, das Wort Gottes zu lehren.

Die Waldenser traten in großer Zahl in ganz Europa auf. In vielen Fällen wurden sie auf das Drängen kirchlicher Leiter hin von den Zivilbehörden zu Tode gehetzt. Mit der Zeit verringerte sich die Bewegung und beschränkte sich auf die Alpentäler im Norden von Italien. Selbst dort wurden Waldenser gezwungen, Angehörige der römisch-katholischen Kirche zu werden.

In der Reformationszeit riet der Schweizer Reformator Ökolampad ihnen, ihre Bande zur römisch-katholischen Kirche zu lösen. Lange davor hatten sie aber bereits etwas von dem radikalen Gehorsam, den Waldus gelehrt hatte, aufgegeben, z. B. die Wehrlosigkeit. Das Seminar, das sie im neunzehnten Jahrhundert gründeten, befand sich zuerst in der Nähe von Torre Pellice, dann in der Nähe von Turin und seit 1920 in Rom. Die Waldenser haben einen Versuch zur Wiederherstellung des neutestamentlichen Christentums unternommen.

Wyclif

Etwa ein Jahrhundert nach Waldus' Tod im Jahre 1217 wurde John Wyclif (zuweilen Wiclif oder Wycliffe geschrieben) ca. 1320 in England geboren. In mancher Hinsicht war er ein englischer Waldus, obwohl er nicht die Gewaltlosigkeit lehrte oder eine Kirche gründete. Er trachtete danach, die Christen von England zu einer persönlichen Hingabe an Christus und zum neutestamentlichen Christentum zu führen. Wegen dieser Bemühungen wird er der „Morgenstern der Reformation" genannt.

Wyclif betrachtete den Papst als den Antichristen des Neuen Testaments und lehrte, dass Geistliche keinen Besitz haben sollten. Er glaubte, dass die Heilige Schrift für das Leben der Christen wie auch für die Kirche zureichend war. Daher war er gegenüber den katholischen Lehren und Bräuchen, die vor seiner Zeit entstanden waren, kritisch. Er lehnte die obligatorische Ehelosigkeit für die Geistlichen ab. Er war auch gegen das Ablasswesen, gegen religiöse Pilgerschaften zu heiligen Schreinen und viele andere Formen katholischer Bräuche und Frömmigkeit. Er war entschlossen, ein neutestamentlicher Christ zu sein. Einige seiner Einsichten erhielt er aus den besten Schriften von Augustinus (354–430 n. Chr.) von Nordafrika.

Wyclif starb am 31. Dezember 1384. Auf päpstlichen Befehl wurden seine Gebeine 1428 ausgegraben und verbrannt, denn der Papst betrachtete ihn als Ketzer. Wyclif trug viel dazu bei, die grundsätzlichen Wahrheiten des Christentums zu lehren. Zu diesem Zweck schickte er Laienprediger, oft zu zweien, durch ganz England.

Hus

Einer der eifrigsten Reformatoren war Jan Hus in Böhmen, einem Gebiet der heutigen Tschechoslowakei. Er studierte eifrig die lateinischen Aufsätze von John Wyclif und wurde ein ergebener Jünger des englischen Reformators. Er wurde um das Jahr 1371 geboren, erhielt das Magisterdiplom und wurde im Jahre 1400 zum Priester ordiniert. Im folgenden Jahr wurde er Dekan an seiner Alma Mater, der Universität Prag, einer der besten Universitäten Europas. Im Jahre 1402 wurde er zum Rektor ernannt. Von der bekannten Prager Kapelle, der „Heiligen Unschuldigen von Bethlehem" aus, forderte er Reformen. Und die Menschen kamen in Scharen, um ihn zu hören. Er kritisierte das Leben vieler Geistlicher. Er klagte sogar die Päpste öffentlich der Sünde und des Irrtums an. Sein eigenes Leben war tadellos und er beherrschte die Heilige Schrift vollkommen. Er predigte furchtlos und verglich das Leben des gewöhnlichen Volkes und sogar von Königen und Päpsten mit dem hohen Maßstab des Wortes Gottes. Selbst die Königin kam, um sein heldenmütiges Zeugnis von Gott zu hören.

Im Jahre 1410 exkommunizierte Papst Johannes XXIII. Hus. Aber selbst das hielt seinen Einfluss nicht auf. So erließ Papst Johannes im Jahre 1412 über die ganze Stadt Prag ein Interdikt, ein strenges Urteil, welches das Austeilen aller Sakramente in der Stadt untersagte. Um dieser schlimmen Situation ein Ende zu bereiten, verließ Hus Prag; doch Papst Johannes war damit noch nicht zufrieden. So wurde Hus 1415 befohlen, sich dem Gericht des Konzils von Konstanz zu stellen. Dieses Konzil war zusammengerufen worden, um sich mit der peinlichen Situation zu befassen, in der drei Päpste gleichzeitig das Primat beanspruchten.

War es gefährlich oder nicht, dieser Vorladung zu folgen? Hus entschied sich, zu gehen, nachdem sowohl König Wenzel von Böhmen wie auch Kaiser Sigismund ihm sicheres Geleit versprachen. Dieses Versprechen garantierte ihm die sichere Rückkehr, unabhängig von dem Ergebnis des Prozesses. Nachdem er aber als Ketzer verhaftet worden war, wurde ihm gesagt, dass die Kirche keine Versprechen halte, die einem Ketzer gegeben worden seien! Man stelle sich seinen Schock und seine Not vor, als ihm dies gesagt wurde! Nachdem der Formalität wegen ein Prozess gegen ihn angestregt worden war, wurde Hus am 6. Juli 1415 als Ketzer verbrannt. Aus der Hus-Reform entstand eine Kirche des biblischen Wortes, die *Unitas Fratrum* (Einheit der Brüder). Noch später ging die Mährische Kirche, eine starke Missionsgruppe, aus dieser Gruppe hervor.

Die Reformation des sechzehnten Jahrhunderts erschüttert Europa

Martin Luther

Martin Luther aus dem Heiligen Römischen Reich Deutscher Nation ist als der wichtigste Führer der protestantischen Reformation bekannt. Mit der Zeit verließen unter seiner Führung diejenigen, die eine Erneuerung der Kirche für notwendig hielten, die katholische Kirche; sie sind daher als Protestanten bekannt. Luther, ein aufrichtiger Katholik, war im Jahre 1505 ein Mönch des Augustinerordens geworden. Zwei Jahre später wurde er als Diakon und Priester ordiniert. Er erhielt seinen Titel als Doktor der Theologie im Jahre 1512 und wurde später Professor an der Universität Wittenberg.

Trotz all seiner Ausbildung war dieser kluge und ergebene Gottesmann seiner Erlösung immer noch ungewiss. Die Evangeliumswahrheit, dass ein Mensch durch den Glauben gerecht gemacht wird (Rechtfertigung), war ihm verborgen. Aber im Jahre 1514, als er über das Wort Gottes nachdachte, wurde ihm die Bedeutung von Römer 1,17 klar. Dieser Vers sagt uns, dass die Gerechtigkeit Gottes in der guten Nachricht des Evangeliums offenbart ist. Bis zu jenem Augenblick hatte Luther stets gemeint, dass Gott unsere Sünden strafe, weil Er von Natur gerecht ist. Die Heilige Schrift zeigte ihm aber, dass Gott Seinen gläubigen Kindern göttliche Gerechtigkeit als Geschenk gibt. Luther glaubte, dass der Geist Gottes ihm diese neue Einsicht gegeben hatte. Ihm war zu Mute, als sei er von neuem geboren. Sie öffnete ihm, wie er sagte, „die Pforten des Paradieses". Luther hatte jetzt Frieden und Freude im Heiligen Geist.

Im Herbst 1517 war Luther darüber besorgt, wie

Johannes Tetzel in billiger, gewissenloser Weise Ablässe verkaufte. Luther schrieb an den Erzbischof jenes Gebietes und machte ihn auf diesen unglücklichen Missbrauch aufmerksam. Er wusste damals noch nicht, dass der Erzbischof selbst hinter dieser Sache stand. Der Erzbischof hoffte, genug Geld zu bekommen, um Rom seine Schuld für sein Amt, das er ebenfalls mit Geld erworben hatte, zu bezahlen.

Obwohl er von dem Erzbischof keine Hilfe erhielt, entzündete Luther ein Licht, das nie verlosch. Er stellte 95 Thesen oder Erklärungen auf, in denen er das Ablasswesen angriff, und schickte diese dem Erzbischof. Danach war er gebrandmarkt. Luther hatte einen klaren Schritt getan, um die Heilige Schrift zur einzigen Richtschnur im Leben und in der Lehre der Kirche zu machen. Verschiedene Bischöfe und Gelehrte stellten sich bis zum letzten Atemzug Luther entgegen. Doch sie konnten das Fortschreiten der biblischen Wahrheit, die er mit wachsender Klarheit und Kraft lehrte, nicht aufhalten. Die katholische Kirche schäumte und stürmte, aber Luther war verhältnismäßig sicher. Er genoss den starken Rückhalt vieler deutscher Fürsten, besonders von Friedrich dem Weisen von Sachsen. Dieser würde den hervorragenden Professor nicht als Ketzer verbrennen lassen.

Luther glaubte fest, dass die Bibel die einzige Richtschnur der Kirche sei. Weiter begann er, Erlösung durch die Gnade Gottes und mittels des Glaubens zu lehren. Er verwarf den Gedanken der Klöster und Stifte, einschließlich der Pflicht zur Ehelosigkeit der Geistlichkeit. Er sah die Ehe als eine der guten Gaben des gütigen himmlischen Vaters an. Er hasste die Idee eines Papstes als Oberhaupt der Kirche und bekämpfte die Lehre, dass das Heil nur in den Sakramenten zu finden sei. Nach seinem Verständnis erhielt man das Heil, wenn man Buße tat und an das Evangelium glaubte. Diese frohe Nachricht bedeutete, dass die Erlösung in dem gekreuzigten und auferstandenen Christus zu finden sei. Mit der Zeit verwarf er die Lehre vom Fegefeuer, dem Schatz der Verdienste, dem Ablasswesen und dem Anbeten der Maria, der verstorbenen Heiligen und der Engel. Anstelle der Messe (einer blutlosen Wiederholung von Golgatha) forderte er ein biblisches Abendmahl, wo alle Mitglieder das Brot und den Wein empfangen.

Luther ließ sich auf einem Gebiet Zeit, das zu tun, was er predigte, nämlich auf dem Gebiet der Ehe. Er war 41 Jahre alt, als er, am 27. Juni 1525, eine ehemalige Nonne namens Katharina von Bora, 26 Jahre alt, heiratete. Er sagte, er heiratete, „um seinem Vater zu gefallen, dem Papst zu trotzen und den Teufel zu ärgern". Ihre Ehe wurde mit drei Söhnen und drei Töchtern gesegnet.

Bereits 1526 begannen deutsche Fürsten, die Luthers biblisches Programm begünstigten, „lutherische" Gebietskirchen zu gründen. Der Name „lutherisch" wurde gegen Luthers Wunsch angenommen. Der lutherische Glaube wurde in einem großen Teil des norddeutschen Raumes und in den skandinavischen Ländern vorherrschend. Alle protestantischen Kirchen sind dem Wirken Luthers verpflichtet. Er war es, der mit großer Klarheit und tiefer Überzeugung die Wahrheiten der frohen Botschaft verkündigte, wie sie im Neuen Testament zu finden ist.

Zwingli

Ein großer Reformator namens Ulrich Zwingli (1484–1531) trat in der nördlichen Schweiz auf. Obwohl Zwingli niemals wie Luther den Doktortitel der Theologie erhielt, studierte er an der Universität

Wien. Im Jahre 1506 erlangte er den Titel eines Magisters der Künste an der Universität Basel. Dann war er zehn Jahre lang Priester in Glarus in der Schweiz. 1516 ging er nach Einsiedeln, wo er durch die vielen Gemeindemitglieder, die dahin kamen, um das Bildnis der Jungfrau Maria zu verehren, besorgt wurde. Im Dezember 1518 kam er als Volkspriester nach Zürich und begann am Neujahrstag 1519 seinen wirksamen Dienst am Wort. Zwingli war ein mächtiger Prediger. Seine Botschaften waren frisch und lebhaft, da er verschiedene biblische Bücher Kapitel für Kapitel behandelte. Wie Luther benutzte er einfache Illustrationen, um biblische Wahrheiten lebendig zu machen.

In seiner Entwicklung zu einem festen neutestamentlichen Christentum erfuhr Zwingli nie wie Luther eine große innere Erschütterung. Stattdessen kam er durch direktes Studium der Bibel allmählich dazu. Erst später las er Luther mit Wertschätzung und Nutzen. Im Jahre 1522 stellte Zwingli seine eigenen 67 berühmten Thesen, Schlüsse genannt, auf. Eine Plage, die etwa ein Viertel der Menschen von Zürich und Umgebung tötete, stärkte Zwinglis Vertrauen zu Christus; auch sein Bruder starb an der Pest und Zwingli selbst wäre beinahe daran gestorben.

Im Jahre 1522 versuchten er und einige andere Priester, ihren Bischof dazu zu überreden, den Priestern die Ehe zu erlauben, denn zu der Zeit hatten viele Priester Mätressen. Als sich der Bischof weigerte, handelte Zwingli. Er nahm im Geheimen ein Verhältnis zu einer Witwe namens Anna Reinhart Meyer auf, die ihm mit der Zeit zwei Töchter schenkte. Vor der Geburt ihres ersten Kindes im Jahre 1524 feierte Zwingli öffentlich seine Ehe mit Anna in dem Großmünster zu Zürich, wo er predigte. Zu dem

Zeitpunkt war die Öffentlichkeit für diesen Schritt reif.

Im Laufe der Jahre schoben Zwingli und der Stadtrat eine katholische Sitte oder Lehre nach der anderen zur Seite, wenn sie merkten, dass die Menschen zu der Veränderung bereit waren. Dies führte am 13. April 1525 zur offiziellen Feier eines Abendmahls im Großmünster. Die katholische Messe war somit auf immer aus der Staatskirche in Zürich verschwunden.

Zwingli ging als Reformator noch weiter als Luther. Beide Reformatoren verwarfen die römisch-katholische Lehre von der Transsubstantiation, d. h. dem Glauben, dass die Oblate der Messe durch die Kraft Gottes auf wunderbare Weise in den Leib und das Blut des Herrn verwandelt wird. Luther bevorzugte den Ausdruck: Realpräsenz („die wirkliche Gegenwart") Christi im Abendmahl. Für ihn war der Schlüsselsatz: „Dies ist mein Leib." Zwingli betrachtete Brot und Wein als heilige und bedeutungsvolle Gedenkzeichen des gebrochenen Leibes und vergossenen Blutes des Herrn. Für ihn war „Dies tut zu meinem Gedächtnis" der Hauptsatz. Beide Reformatoren bestanden darauf, dass die Gläubigen sowohl das Brot als auch den Wein empfangen sollten.

Im Gottesdienst der Kirche hatte Luther nichts gegen die Verwendung von Kunst, Musikinstrumenten und anderen historischen Bräuchen einzuwenden, es sei denn, dass das Wort Gottes diese verurteilte. Er verwarf nur das, was die Heilige Schrift nicht erlaubte. Zwingli jedoch lehrte, dass die schönen Künste nicht in den Gottesdienst gehörten. Obwohl er ein ausgezeichneter Musiker war, wollte er keine Musik – weder von Instrumenten noch Stimmen – in der Kirche. Er betrachtete den Gottesdienst als den Ort, um das Wort Gottes zu hören und zu lehren und um gemeinsam vor den himmlischen Vater zu treten. Er wollte nur das behalten, was im Neuen Testament gelehrt wurde. Er verwandelte daher Kathedralen in Versammlungshäuser und ließ sogar wertvolle Werke der Kunst an den Wänden des Großmünsters in Zürich übertünchen.

3. Auf der freikirchlichen Tradition aufgebaut

Was jetzt als die „mennonitische Kirche" bekannt ist, war die erste Freikirche der modernen Geschichte. (Der Ausdruck „Freikirche" bezieht sich auf die Kirchen, die nicht Teil einer Staatskirche wie der römisch-katholischen Kirche im Mittelalter sind.) Der Gedanke der Freikirche entstand in Zürich, in der Schweiz, als „linker Flügel" der Reformation Zwinglis.

Die freien Kirchenmänner treten in der Schweiz auf

Konrad Grebel

Der wichtigste Vertreter des freikirchlichen Gedankens war Konrad Grebel. Sein Hauptgefährte war Felix Manz. Konrad war der Sohn von Jakob Grebel, einem wohlhabenden Angehörigen einer prominenten Schweizer Familie (jetzt von Grebel). Seine Mutter war Dorothea Fries, Tochter von Hans Fries, einst Magistrat der Schweizer Stadt Uri.

Konrad wurde etwa 1498 geboren und scheint die Lateinschule in Zürich besucht zu haben. Im Alter von sechzehn Jahren schrieb er sich für ein akademisches Jahr an der Universität Basel ein. Mit einem Stipendium des Kaisers besuchte er dann von 1515–1518 die österreichische Universität in Wien. Ein Stipendium oder eine Beihilfe des Königs von Frankreich ermöglichte es ihm dann, von 1518–1520 an der Universität Paris zu studieren. Er beabsichtigte, später mit einem päpstlichen Zuschuss an der Universität Pisa zu studieren, aber sein Plan wurde nicht verwirklicht. Er erlangte den Doktortitel nicht.

Im Jahre 1520, seinem Vater entfremdet, kehrte er von Paris nach Zürich zurück. Er war bei schlechter Gesundheit, vielleicht wegen seines wilden Lebens während seiner Universitätszeit. Dies machte ihm für den Rest seines kurzen Lebens zu schaffen. In Zürich fühlte er sich zu dem Gelehrtenkreis um Zwingli, den er schätzte und bewunderte, hingezogen.

Im Jahre 1521 verliebte sich der junge Grebel, damals etwa 23 Jahre alt, in ein Mädchen namens Barbara. Sie war zweifellos von einer niedrigeren Klasse der Züricher Gesellschaft als die Grebels. Seine Eltern entschieden, dass die beiden jungen Liebenden unter keinen Umständen heiraten dürften. Aber es geschah dennoch. Am 6. Februar 1522, als sein Vater abwesend war, brachte der junge Grebel Barbara zu einem dortigen Priester, um sie zu heiraten. Seine Eltern waren wütend und aufgeregt; seine Mutter weinte tagelang. Aber das neue Ehepaar war so glücklich, wie es die Verhältnisse erlaubten. Der Vater weigerte sich, ein eigenes Heim für sie einzurichten. So lebten sie im Hause der Eltern.

Grebels Bekehrung

Konrad blieb weiterhin im Kreis Zwinglis in Zürich. Kurz vor der Geburt seines ersten Sohnes erlebte der junge Grebel eine Bekehrung. Die Veränderung in seinem Leben ist deutlich. Er freute sich jetzt des Evangeliums und seines Fortschrittes in der Reformation Zwinglis. Als das erste Kind 1522 eintraf, nannte Konrad es Theophilus, nach dem Freund von Lukas in Apostelgeschichte 1,1. Die weiteren Kinder waren Josua (1523) und Rahel

(1525). Heute (1981) ist der Pastor des Großmünsters in Zürich, Zwinglis ehemaliger Kirche, Dr. Hans Rudolf von Grebel. Er ist ein Nachkomme von Konrad und Josua.

Grebel schlägt eine biblische Kirche vor

Etwa ein Jahr lang war Konrad über die herrliche Reformation der Kirche von Zürich unter Zwinglis Leitung begeistert. Aber bei einer öffentlichen Diskussion im Oktober 1523 wurde klar, dass Grebel sich von Zwingli distanziert hatte. Grebel meinte, Zwingli sei zu vorsichtig in Dingen der Reformation. Zwingli wollte Entscheidungen stets dem Rat der Zweihundert, der mächtigsten herrschenden Gruppe der Stadt, überlassen. Grebel hatte damit einfach keine Geduld. Und sein Misstrauen gegen Zwingli wuchs trotz allem, was der Reformator zu tun versuchte. Im September 1524 war Grebel in der Tat bitter. Zwingli hatte ebenfalls die Geduld mit Grebel und den anderen jungen Radikalen verloren.

Zu der Zeit fielen Grebel zwei Traktate eines Reformators aus Deutschland, Thomas Müntzer, in die Hände. Er und seine Gefährten lasen und studierten sie eifrig. Im September 1524 schrieben sie dann einen langen Brief und eine lange Nachricht an ihren neuen „Bruder Thomas". Darin legte Grebel eine sorgsam erwogene Sicht der Freikirche dar. Das Dokument ist oft übersetzt und gedruckt worden, sowohl im deutschen Original als auch in der englischen Sprache.

Dieser Brief von 1524 legt die grundlegenden Überzeugungen von Grebel und seinen Gefährten Felix Manz, Heinrich Aberli, Johannes Brötli, Andreas Castelberger, Johannes Ockenfuß und Bartholomäus Pur dar. Die Hauptpunkte im Vorwort des Schreibens sind:

1. Der Fall der Frühkirche.
2. Das Übel des Sakramentalismus.
3. Der Mangel an neuem Leben unter den Mitgliedern der Kirche in Zürich.
4. Der Irrtum, dass von den Christen nicht gefordert wird, die Prinzipien des Neuen Testaments auszuleben.
5. Erfordernis, Glauben und Leben allein auf die Heilige Schrift zu gründen (*sola scriptura*).

Im Hauptteil des Briefes verteidigt Grebel stark:

1. Die Bedeutung der Predigt des Wortes Gottes. Er folgt Zwingli bei der Ablehnung fester Liturgieformen im Gottesdienst.
2. Eine nicht liturgische Feier des Abendmahls. Nur die biblischen Worte und gewöhnliches Brot und Wein sollen verwendet werden. Der Prediger sollte kein besonderes Gewand zu dem Anlass tragen. Das Abendmahl ist kein Sakrament. Es soll häufig und in Liebe und Freude gefeiert werden. Diejenigen, die daran teilnehmen möchten, müssen in der brüderlichen Lebensweise leben. Grebel nennt es das Mahl der Einigkeit.
3. Eine treue Kirche. Grebel fordert eine Kirche, die dem Wort treu ist, anstatt einer, deren Hauptsorge große Mitgliederzahlen sind.
4. Eine Gemeinde von ungewöhnlichem oder radikalem Gehorsam gegen das Wort.
5. Eine Predigerschaft (bzw. Kirchendienst), die nur von ihren Gemeinden, nicht aber durch anderen Quellen entstammende Mittel unterstützt wird. Grebel setzt die Trennung von Kirche und Staat voraus.
6. Ein teueres Nachfolgen statt billiger Gnade (täglicher Gehorsam statt unbedachtsamen Lebens).
7. Ein schlichtes Versammlungshaus, wo die Christen

zusammenkommen, um das Wort Gottes zu hören. Das heißt, keine Verwendung von Kunst, Steintafeln mit den zehn Geboten usw., aus Furcht, dass solche Dinge bald Götzen werden könnten.

8. Eine disziplinierte Gemeinde, wo die Zucht aus dem Worte Gottes kommt und mit Gebet und Fasten geübt wird. Sie soll „der Herrschaft Christi" folgen, wie sie in Matthäus 18,15 angegeben wird.
9. Eine Kirche, die auf dem Prinzip leidender Liebe beruht, die Christus ähnlich ist. Krieg wird daher gänzlich abgelehnt.
10. Eine Wassertaufe ist reich an symbolischer Kraft: In Christus werden unsere Sünden abgewaschen. In Christus werden wir innerlich verwandelt. In der Taufe zeigen wir öffentlich unseren Glauben an den Herrn Jesus. Wir zeigen an, dass wir jetzt der Sünde „tot" sind und in einem neuen Leben wandeln. Kurz, wir bezeugen durch die Taufe, dass wir die „innere Taufe", die allein rettet, erfahren haben.
11. Der Erlösungsstand von Säuglingen und Kindern auf Grund der Heiligen Schrift. Glaube ist zur Erlösung von Kindern nicht erforderlich. Sie sind durch Ihn erlöst, der für sie starb. Die Wassertaufe jedoch ist nur für Gläubige.

Der Überbringer dieses Briefes wurde durch ein Gewitter aufgehalten, und so schrieb Grebel einen zweiten Brief. Darin fügt er einen starken Protest gegen bewaffnete Revolution hinzu, die die Erneuerung der Kirche bewirken soll. Er warnt auch davor, dass Verfolgung die Freikirche treffen wird. Es scheint, dass die Briefe Müntzer nicht erreicht haben. Als der Kurier die Stadt erreichte, war Müntzer bereits geflüchtet. Der Bote muss sie Grebel zurückgebracht haben, denn sie befinden sich heute in der Vadian-Sammlung in St. Gallen.

Wir sind Vadian, Grebels Schwager, verpflichtet, weil er so viele von Grebels Briefen aufbewahrte. Wenn sie alle verlorengegangen wären, würden wir Grebels Sicht der Freikirche nicht kennen.

Grebel wird von der Staatskirche vertrieben

Der Kreis um Grebel kritisierte, dass Zwingli dem Rat der Zweihundert gestattete, die Züricher Reformation zu regieren. Dennoch zogen sich Grebel und seine Anhänger nicht voreilig von der Bewegung zurück. Stattdessen hofften sie, dass Zwingli es dem Worte und dem Geist Gottes gestatten würde, die Erneuerung der Züricher Staatskirche zu leiten. Im Dezember 1524 kam Zwingli mit Grebel zusammen und versuchte, dessen Unterstützung zu erlangen. Aber die beiden Männer konnten nicht übereinstimmen. Ihre Glaubensanschauungen waren zu weit voneinander entfernt. Am 10. Januar 1525 versuchten sie es erneut, aber vergebens.

Eine große Debatte findet statt

Eine Woche später wurde eine öffentliche Diskussion vor dem Stadtrat von Zürich abgehalten. Zwingli standen seine Kollegen Leo Jud und Heinrich Engelhard zur Seite. Grebels Mitarbeiter waren Felix Manz und Wilhelm Reublin. Im Vordergrund stand die Frage, ob man Kinder oder Gläubige taufen sollte. Aber die tiefere Frage war das Wesen der Kirche: Sollte es eine Staats- und Volkskirche oder eine Glaubenskirche sein? In der Staatskirche wurden zu jener Zeit alle Kleinkinder bald nach der Geburt getauft, und alle Bürger wurden als Mitglieder betrachtet (Zwinglis Einstellung). In der Glaubenskirche sollten nur Menschen getauft werden, die ihre Sünden bereuen, sich zu Christus kehren und Ihm lebenslange völlige Treue geloben (Grebels Einstellung).

Zwingli war wie gewöhnlich bereit, bezüglich seiner Kirchenreform, Rat von den Zivilbehörden anzunehmen. Grebel jedoch beharrte darauf, dass die Regierung gar nichts mit der Theologie und der Praxis der Kirche Christi zu tun hatte. Der Rat nahm schnell Zwinglis Stellung an. Er habe gezeigt, sagten sie, dass die Kindertaufe nicht abzulehnen sei. Am folgenden Tag beschloss der Rat, alle solche Eltern zu verbannen, die mehr als acht Tage warteten, ehe sie ihre Kinder taufen ließen. Nur in einer unbiblischen Verbindung von Staat und Kirche konnte eine Regierung in dieser Weise eine theologische Frage entscheiden!

Grebel und sein Kreis waren über diese Entscheidung äußerst enttäuscht. Sie blieben jedoch bis Samstag, den 21. Januar 1525, in der Staatskirche. An diesem Tag befahl der Rat Grebel und Manz, ihre Bibelstunden mit ihren Anhängern einzustellen. Vor diesem Erlass waren diese beiden Laienbrüder und ihre Anhänger regelmäßig in einem Privathaus zusammengekommen, um die Heilige Schrift zu studieren und die christliche Wahrheit zu erforschen. Dieses Studium und diese Gemeinschaft reinigte ihr Leben und erquickte ihre Herzen. Wie konnten sie so einem bösen Befehl gehorchen?

Die Freikirche entsteht

An jenem Samstagabend, dem 21. Januar 1525, kam Grebels Kreis zu einer geheimen Versammlung zur Beratung und zum Gebet über ihre schwierige Situation zusammen. Die Zusammenkunft fand wahrscheinlich im Haus der Mutter von Manz in der Neustadtgasse statt, beinahe im Schatten von Zwinglis Großmünster. Ein neues Mitglied schloss sich dem

Kreis an, der Priester Georg Cajakob aus Graubünden (später nach seinem blauen Rock Blaurock genannt). Sie fanden die hoffnungslose Lage beängstigend. Sie fielen daher auf die Kniee und baten Gott, ihr Gebet zu hören und sie zu führen.

Als sie sich vom Gebet erhoben, bat der Priester Georg, dass Grebel ihn taufe, während er kniete. Grebel taufte ihn. Die anderen baten dann ihren neuen Bruder Georg, sie zu taufen, und er tat es mit Freuden. Vorher hatte Grebel es streng vermieden, sich von der Kirche zu lösen, um das zu erreichen, was er als biblische Kirche verstand – eine Kirche, die von der Regierung abgesondert ist und die Glaubenstaufe übt. Aber jetzt fühlte er sich dazu frei, so eine Kirche zu gründen. Kirche und Staat hatten sich ja schließlich vereint, um seinen weiteren Dienst zu verhindern und diejenigen zu verbannen, die sich weigerten, ihren unbiblischen Befehlen zu folgen. Die Brüder (wie sie sich nannten) wurden aus der Staatskirche von Zürich buchstäblich vertrieben. Obwohl die Kirche zu diesem Zeitpunkt etwas reformiert war, war die Staatskirche dem Namen nach immer noch katholisch. Wir wissen aus Grebels Briefen an Müntzer, dass er sich der Lehre von einer leidenden Kirche fest verschrieben hatte. Diese Lehre wird oft als „Wehrlosigkeit" bezeichnet. Der Ausdruck gründet sich auf das Wort Christi an Seine Jünger, einem bösen Menschen „nicht zu widerstehen" (Matthäus 5,39).

Grebel verbreitet den freikirchlichen Gedanken

Der Kreis um Grebel war von heiliger Freude und dem Eifer zum Zeugnis erfüllt. Grebel selbst verbrachte die letzten zehn Januartage 1525 damit, vor seinen Freunden im Gebiet von Zürich Zeugnis abzulegen. Februar und März verblieb er im Kanton Schaffhausen. Ende März war er wieder im Gebiet von Zürich. Er zeugte und lehrte dann in St. Gallen mit größtem Erfolg während seiner kurzen Laufbahn. Bis Palmsonntag waren da schon 500 Bekehrte. Dieses erweckte in ihm die Hoffnung, dass in seinem Schweizer Vaterland bald eine Freikirche gegründet sein würde. Für den Rest des Frühjahrs kehrte er nach Zürich zurück. Sein letzter erhaltener Brief ist vom 30. Mai 1525. Er war an seinen geliebten Schwager, Joachim von Watt (1484–1551), gerichtet. Watt, besser als Vadian bekannt, war ehemaliger Rektor der Universität Wien, Arzt, Stadtbürgermeister von St. Gallen und zwinglianischer Reformator. In dem Brief bittet Grebel Vadian eindringlich, gegen ihn und seine Anhänger keine Verfolgung zu üben. Er legt auch seinen festen Glauben dar, dass die Heilige Schrift im täglichen Leben ausgelebt werden muss. Grebels Sprache ist zuweilen scharf. Doch redet er Vadian als „meinen Schwager und Bruder im Herrn" an.

Während des kurzen Sommers von 1525 kehrte Grebel in das Heim seiner Knabenzeit bei Grüningen, unmittelbar östlich von Zürich, zurück. Im Juli wurde er in Zürich wegen Verleumdung von Zwinglis Aufsatz über die Taufe vor Gericht geladen. Als ihm Verhaftungsfreiheit verweigert wurde, beschloss er, die Vorladung nicht zu beachten. Nach einer Predigt am 8. Oktober 1525 wurde er von dem Vogt Berger verhaftet und im Schloß Grüningen in Haft gehalten. Dieses Gebäude war früher sein Heim gewesen. Von dort wurde er nach Zürich gebracht, um an Zwinglis dritter Diskussion mit den Radikalen oder „Wiedertäufern" teilzunehmen. Am 18. November wurden die Hauptleiter Grebel, Manz und Blaurock nach

Zürich ins Gefängnis gebracht. Hier durften sie keine Besucher haben.

Irgendwie gelang es ihnen, am 5. und 6. März 1526 erneut vor Gericht zu kommen. Aber am 7. März wurden sie alle zu lebenslänglicher Haft verurteilt. Genau zwei Wochen später jedoch entkamen sie dem Gefängnis. Sie hatten wahrscheinlich Hilfe von Jakob Grebel, dem geachteten Züricher Senator und einem Zwinglianer, erhalten. Bald predigte Konrad in den Bezirken Appenzell und Graubünden.

Grebel, Manz und Blaurock sterben

Grebels Gesundheit verschlechterte sich. Als kranker, müder Pilger kam er in das Dorf Maienfeld, wo seine Schwester lebte. Dort starb er im Sommer 1526 an der Pest. Im folgenden Oktober ließ Zwingli Grebels Vater in Zürich enthaupten.

Erst eineinhalb Jahre waren vergangen, seit Grebel zur Gründung der ersten neuzeitlichen Freikirche am 21. Januar 1525 in Zürich beigetragen hatte. Seine Begräbnisstätte ist von keinem Monument gekennzeichnet. Sein „Denkmal" sind sechshunderttausend oder mehr Mennoniten in aller Welt, die sich zu seinen Hauptlehren bekennen.

Nach seinem Entkommen aus dem Gefängnis war Manz abwechselnd frei und in Haft. Er wurde zum letzten Mal am 3. Dezember 1526 verhaftet. Schließlich wurde er am 5. Januar 1527 zum Tode durch Ertränken verurteilt. An jenem Nachmittag wurde Manz um drei Uhr zur Limmat, die durch Zürich fließt, gebracht und an Händen und Füßen gebunden. Sein Körper wurde dann so gefesselt, dass seine Ellbogen unter seinen Knien waren, und ein Stock sorgte dafür, dass er in dieser Stellung blieb. Ihm wurde ein Strick umgelegt, dann wurde er ins kalte Wasser des Flusses geworfen. Kurz vor seiner Hinrichtung rief er auf lateinisch: „O Herr, in deine Hände befehle ich meinen Geist."

Am gleichen Tag musste Blaurock seinen Oberkörper entblößen und wurde so geschlagen, dass er beinahe starb. Darauf zog er ins österreichische Tirol. Man sagt, dass er dort eintausend Bekehrte gewann. Aber im August fiel er den Behörden in die Hände. Er wurde schwer gefoltert und am 6. September in Clausen, einer jetzt italienischen Stadt, auf dem Scheiterhaufen verbrannt. Im Tode erhob er seinen Finger zum Zeichen, dass er immer noch an Christus glaubte.

Denck und Gefährten leiten die Erneuerung in Mitteleuropa

Unter anderen Führern der Schweizer und süddeutschen „Täufer" war auch Hans Denck. Er ist vielleicht am besten durch sein herrliches Wort bekannt: „Kein Mensch kann Christus wahrlich kennen, es sei denn, er folge Ihm im Leben." Denck starb im November 1527, ein Jahr später als Grebel, an der Pest.

Man sagt, dass der feurige Prediger Hans Hut mehr Bekehrte gewann als alle anderen Täuferführer zusammen. Überall, wo er hinkam, in Bayern, Schwaben, Franken und Mähren, zog er Scharen an, taufte Bekehrte und hielt mit ihnen zusammen das Abendmahl.

Hut und Denck waren Leiter einer Konferenz, die im August 1527 in Augsburg abgehalten wurde, um zu planen, wie man Menschen für den Glauben gewinnen könne. Nach der Zusammenkunft blieb Hut in der Stadt und wurde als Ketzer verhaftet. Er musste sich im Spätherbst 1527 vielen „Prüfungen" unterziehen, der letzten am 6. Dezember. Bei diesen

Verhören wurde er oft gefoltert, endlich so schwer, dass er bewusstlos wurde. Sein Sohn Philipp berichtete später, dass, als man ihn an jenem Tag bewusstlos zu seinem Strohlager zurückgetragen hatte, er eine Kerze umwarf. Das Stroh fing Feuer und Hut kam ums Leben. Die Augsburger waren aber eifrig darum bemüht, an ihrem traditionellen staatskirchlichen Glauben festzuhalten. So schnallten sie die Leiche am folgenden Tag an einen Stuhl, trugen sie zum Gericht und klagten den Toten an, versucht zu haben, aus dem Gefängnis zu entkommen und andere Gefangene zu befreien. Seine Leiche wurde dann als die eines Ketzers verbrannt.

Einer der bekannteren Wiedertäufer war Dr. Balthasar Hubmaier. Er war ein begabter Schriftsteller, ein Verteidiger der Glaubenstaufe und eine beredte Stimme für religiöse Duldung. Er war auch ein früher Befürworter der Fußwaschung der Heiligen und der erste Täuferführer, von dem bekannt ist, dass er einen Gottesdienst abhielt, bei dem Eltern ihre Kleinkinder Gott weihten. Sie wurden zu dem Zeitpunkt jedoch nicht getauft. Die Taufe wurde verschoben, bis sie alt genug waren, sich Christus und einem Leben in Seiner Nachfolge persönlich hinzugeben.

Nach Verhaftung und Folterung wurde Hubmaier am 10. März 1528 außerhalb der Stadt Wien auf dem Scheiterhaufen verbrannt. Er hatte in der Sache der Wehrlosigkeit eine andere Meinung als Grebel und die Schweizer. In diesem Punkt war er den Männern der Staatskirche näher als die Täufer. Hubmaiers Bewegung zerfiel nach wenigen Jahren völlig.

Man hält Grebel als den Hauptgründer des Schweizer Täufertums in Erinnerung. Manz ist wegen seines ernsten evangelischen Zeugnisses und Opposition gegen den Krieg und die Hinrichtung von Gefangenen (Todesstrafe) bekannt. Grebel und Denck wurden von der Pest, und Manz, Hut und Hubmaier durch Märtyrertum zum Schweigen gebracht. Pilgram Marpeck, ein hervorragender Schriftsteller, lebte und wirkte hauptsächlich in Süddeutschland. Er scheint eine Gruppe von Anhängern gehabt zu haben, die sich etwas von den Schweizer Täufern unterschieden.

Sattler erläutert die Täuferlehre

Michael Sattler, ein süddeutscher Gläubiger von 1525, hat klar und bündig die Grundtheologie der Schweizer Täufer schriftlich zusammengefasst. Sattler, ein ehemaliger Benediktinermönch, kam mit seiner tapferen Frau im Frühjahr 1525 nach Zürich und schloss sich dem Grebelschen Kreis an. Er überlebte Grebel um etwa neun Monate, und in dieser kurzen Zeit hat er der Bruderschaft gute Dienste geleistet. Sattler bemühte sich besonders darum, den Täufern dabei zu helfen, jegliche natürliche Schwäche oder Neigung zu überwinden, „Glauben allein" zu predigen. Er hat auch die Brüder und Schwestern auf der berühmten Schleitheimer Konferenz (schweizerisch: Schlaten), die am 24. Februar 1527 abgehalten wurde, zur Einheit geführt.

Auf dieser Zusammenkunft wurde sich diese Gruppe über sieben Glaubensartikel einig. Durch Kopien wurden diese unter den Täufern weit verbreitet und auch in mehreren Auflagen gedruckt. Die Hauptpunkte des Schleitheimer Abkommens sind folgende:

1. Nur die Gläubigen, die in der Auferstehung wandeln (das heißt, ein Leben führen, das durch die Kraft Gottes verwandelt worden ist), dürfen getauft werden.
2. Mitglieder, die zu einem Leben der Sünde zurückkehren und sich weigern, zu treuer Nachfolge

zurückzukehren, müssen als solche ausgeschlossen werden.

3. Diejenigen, die zusammen das Brot brechen möchten, müssen im Glauben und in der Glaubenstaufe vereint sein, ehe sie am Abendmahl teilnehmen können.
4. Christen müssen ein heiliges Leben führen, das von den Sünden der Gesellschaft um sie abgesondert ist.
5. Die Gemeinde soll von Pastoren betreut werden. Deren Pflicht ist es, das Wort Gottes zu predigen, die Feier des Mahls des Herrn zu leiten und allgemein die Aufsicht über die Mitglieder zu haben.
6. Christliche Jünger müssen unter allen Umständen die Haltung des leidenden Erlösers einnehmen. Sie dürfen nie Zwang, Gewalt oder Krieg anwenden.
7. In engem Gehorsam den Lehren Christi gegenüber dürfen die Mitglieder keinerlei Eide, nicht einmal den Zivileid, schwören. Sie sollen die Wahrheit bestätigen.

Sattler war auch ein begabter Schriftsteller. Er schrieb unter anderem über folgende Themen: Der Nutzen des Todes Christi, zwei Arten von Gehorsam, Warnungen vor falschen Propheten, wie die Bibel auszuleben ist, sowie über die Ehescheidung.

Die katholischen Führer in Süddeutschland akzeptierten die Lehre und die Schriften dieses ehemaligen Mönches nicht. So ließen sie ihn in Binzdorf ins Gefängnis werfen. Nach elf Wochen wurden er und einige andere Täufer zum Gerichtsprozess und zur Hinrichtung nach Rottenburg gebracht. Sattler wurde natürlich für den Hauptketzer gehalten, und es wurden neun Anklagen gegen ihn erhoben:

1. Dass er dem kaiserlichen Befehl ungehorsam gewesen sei (er leugnete dieses).

2. Dass er die magische Wirkung von Brot und Wein – Transsubstantiation – verworfen habe (er gab dies zu).
3. Dass er meine, die Kindertaufe rette nicht (er gab dies zu).
4. Dass er die Letzte Ölung verwerfe – die Ölung der Kranken, um sie auf den Tod vorzubereiten (er behauptete, dass Jakobus dieses nicht gelehrt hätte).
5. Dass er Maria, die Mutter Gottes, verachte (er sagte, er verachte sie nicht, sondern er verwerfe den Gedanken, dass sie Mittlerin zwischen Gott und Mensch sein könne).
6. Dass er gegen das Schwören von Eiden sei (er gab dies zu).
7. Dass er beim Abendmahl das Essen von Brot und Wein als Mischung, von einem Teller, befürworte (keine Antwort verzeichnet).
8. Dass er sein Mönchsgelübde gebrochen und eine Frau geheiratet habe (er sagte, das Neue Testament habe ihm die Erlaubnis dazu gegeben).
9. Dass er gesagt habe, falls es zu einer türkischen Invasion kommen würde und falls er kämpfen müsse, er es vorziehen würde, auf der Seite der Türken zu kämpfen (auf diese radikale und unbesonnene Anklage plädierte er schuldig, indem er sagte, dass die Türken es nicht besser wussten! Jedoch Christen, die in den Krieg ziehen, seien im Geiste Türken)!

Am Ende des Prozesses war der Gerichtsschreiber sehr zornig. Er behauptete, Sattler mit einem Schwert hinzurichten wäre ein Gottesdienst. Die vierundzwanzig Richter gingen nacheinander hinaus und kehrten bald mit einer schrecklichen Strafe zurück: Sattlers Zunge solle abgeschnitten werden, sein Körper solle wiederholt mit glühend-heißen Zangen gezwickt werden, und schließlich solle er auf dem Scheiterhaufen verbrannt werden. Dieses Urteil wurde um den 20. Mai 1527 vollstreckt. Seine mutige Frau folgte ihm wenige Tage später in den Märtyrertod.

Sattler brachte die Grundwahrheiten, an denen die Mennoniten noch heute festhalten, deutlich zum Ausdruck:

1. Die Erfahrung der Neugeburt, wie sie in Johannes 3,1-21 erläutert wird.
2. Liebender Gehorsam gegen Christus, wie es in der Heiligen Schrift verlangt wird.
3. Ein Glaubensbündnis mit Christus.
4. Die Wassertaufe für alle Gläubigen, die zu einem neuen geistlichen Leben mit Christus erweckt sind.
5. Eine disziplinierte Kirche, in der die Gläubigen einander zu treuer Nachfolge ermahnen.
6. Geistliche Einigkeit beim Abhalten des Heiligen Abendmahls.
7. Persönliche Heiligkeit des Herzens und Lebens.
8. Trennung von Kirche und Staat – das Prinzip der Freikirche.
9. Pastoren, also leitende Brüder, in den Gemeinden.
10. Die Lehre von der leidenden Liebe und Wehrlosigkeit gegen böse Menschen, von der Überwindung des Bösen mit Gutem.
11. Eine schlichte Verpflichtung, die Wahrheit ohne Eid zu sprechen.
12. Ein verwandeltes Herz, das mit der Liebe Gottes brennt.

Die Neubelebung erreicht die Niederlande

Der Mann, der die Aussicht auf kirchliche Neubelebung nach Norden in die Niederlande trug, war eigentlich kein Mitglied der Schweizer Freikirche (Täufer). Melchior Hofmann begann seine Reform, indem er bereits 1523 als Lutheraner predigte. Bis 1525 betonte er drei nicht lutherische Lehren: (1) eine symbolische statt buchstäbliche Auffassung der Bibel, (2) ein starkes Interesse an prophetischen Büchern der Bibel – wie dem letzten Teil von Daniel und dem größten Teil der Offenbarung – und (3) einen starken Glauben an besondere Offenbarung, die Einzelnen durch Träume und Visionen zuteil wird.

Während der Reformationszeit war Melchior ein bedeutender Verfasser. Manche nicht lutherischen Themen zeigen sich in seinen vielen Schriften. Im Jahre 1526 veröffentlichte er eine Schrift über „Daniel 12 und die Zeichen des Jüngsten Gerichts". Er forderte auch größere Freiheit für religiöse Gruppen, um ihre Ideen zum Ausdruck zu bringen, und war auch gegen den Eid. In diesen Dingen ähnelte er den Täufern. Er meinte zudem, dass der Herr im Jahre 1533 wiederkehren würde. (Er war nicht der einzige Reformator, der so dachte.)

Im Jahre 1530 erschienen drei neue Büchlein: (1) Die Trübsale der letzten Zeit, (2) Wunder und Zeichen (vor dem Ende der Welt) und (3) Auslegung der Apokalypse. Zwei Jahre später veröffentlichte er ein Buch über den Römerbrief.

Die nördlichen Niederlande

Im Jahre 1533 war Melchior in Straßburg, Elsaß, wo er sein letztes Buch, „Vom Schwert", herausgab (man weiß heute von keinem Exemplar). Als die Polizei ihn nicht abholte, ging er zu ihr und forderte sie auf, ihn zu verhaften. Man warf ihn in eine elende Gefängniszelle ohne Tür oder Fenster – es war nur ein Loch in der Decke, um irgendwas hinein- und hinauszureichen. Seine Freude war zuerst groß, aber der Herr kam nicht. Im Gefängnis verweigerte man ihm Papier zum Schreiben, und so schrieb er auf Bettlaken. (Diese verbrannten im Französisch-Preußischen Krieg 1870/71). Nach zehn schweren Jahren starb Hofmann im Jahre 1543.

In mancher Hinsicht war Melchior Hofmann eine tragische Gestalt. Er trug jedoch seine eigene Täuferlehre in die Niederlande. Die Täufer dort übernahmen seine merkwürdige Auffassung von der Menschwerdung. Seine Theorie war, dass eine sündige Maria nicht den sündlosen Sohn Gottes zur Welt bringen konnte. Da er nicht wusste, dass eine Mutter ein Ei oder Ovum produziert, war er der Ansicht, dass Maria nichts zum Wesen Jesu beitrug. Er war „in" Maria, aber nicht „von" ihr. Die niederländischen Täufer haben diesen melchioritischen Gedanken später fallen lassen.

4.
Mit dem friedlichsten Flügel des niederländischen Täufertums verbunden

Zwei verschiedene religiöse Bewegungen gingen aus Melchiors Lehre hervor. Ein gewalttätiger Flügel wurde von einem haltlosen, fanatischen Niederländer namens Jan Matthijs geführt. Diese gewalttätigen Melchioriten wurden nach der Stadt Münster im heutigen Deutschland Münsteraner genannt.

Ein friedlicher Flügel des Melchiorismus wurde von Männern wie Jakob von Campen und den Brüdern Obbe und Dirk Philips geführt. Diese friedlichen Melchioriten hielten an der biblischen Lehre der Wehrlosigkeit, die Melchior gelehrt hatte, fest.

Obbe und Dirk Philips von den Niederlanden fingen an, die Heilige Schrift selbst zu lesen. Es dauerte nicht lange, bis sie die meisten der dem niederländischen Täufertum übertragenen Sonderauslegungen Melchiors aufgaben. Darunter waren die Betonung zukünftiger Ereignisse, Glauben an die politische Herrschaft Christi auf Erden und Abhängigkeit von Träumen, Visionen und besonderen Offenbarungen. Es gab eine Ausnahme: Sie waren nicht im Stande, Melchiors merkwürdige Theorie von der Menschwerdung abzuschlagen. Obbe und seine Gefährten kamen zu einer biblischen Auffassung, die der von Konrad Grebel und Michael Sattler ähnlich war (zu der sie aber unabhängig von diesen beiden selber gekommen waren).

Menno Simons wird Führer

Die Mennoniten haben ihren Namen von dem Täuferreformator Menno Simons erhalten, der sich 1536 den friedlichen Obbeniten anschloss. Er wurde daher von ihrer Lehre stark beeinflusst.

Menno Simons wurde Ende 1495 oder Anfang 1496 in Witmarsum, im niederländischen Friesland, geboren. Es ist nichts über seine Kindheit, Jugend oder Schulzeit bekannt. Er wurde im Frühjahr 1524 als Priester der römisch-katholischen Kirche ordiniert. Sieben Jahre lang wirkte er im Kirchspiel Pingjum, wenige Meilen von seinem Geburtsort entfernt. Er nahm dann im Jahre 1531 die Beförderung in den Witmarsumer Bezirk an. Dort war er tätig, bis er sich am Sonntag, dem 30. Januar 1536, vom Katholizismus lossagte.

Er entdeckt die Heilige Schrift

Zuerst war Menno ein froher, zufriedener Priester. Er erfreute sich eines guten Ansehens, war ein beliebter Redner und hatte keine Gewissensfragen über den römischen Glauben. Drei Faktoren änderten dies alles. Erstens traf ihn, während er die Messe feierte, kurz nachdem er ein Priester geworden war, der Gedanke: Wird das Brot wirklich durch ein Wunder der Leib Jesu (Transsubstantiation)? Menno glaubte, dass dieser Gedanke vom Teufel käme. So ging er mit dieser Sünde zu seinem Beichtvater und bekannte sie. Doch konnte er den Gedanken nicht loswerden. Er gab zu, dass er bis zu dieser Zeit die Bibel nie aufgeschlagen hatte. Stattdessen war er damit zufrieden zu glauben, was die Kirche ihn lehrte. Aber die mutmaßliche Verwandlung der Oblate (des Brotes) in Christus bereitete ihm weiter Not. Um Klarheit zu finden, begann er, das Neue Testament zu lesen. Erst

1528 fand er diese Ruhe: Eine der Schriften Luthers überzeugte ihn davon, dass die Ablehnung einer menschlichen Lehre einen Menschen nicht in die Hölle bringt. So blieb Menno Simons Priester, obwohl er nicht mehr an die Transsubstantiation glaubte.

Mennos zweiter Schock kam, als Sicke Freerks Snijder am 20. März 1531 wegen Wiedertaufe enthauptet wurde. Menno hatte nie vorher davon gehört, dass jemand eine zweite Taufe (Wiedertaufe) empfangen hätte. Jetzt entstand eine neue Furcht in ihm: Konnte es sein, dass die heilige Kirche bezüglich beider Hauptsakramente, Abendmahl und Taufe, im Unrecht war? Er forschte, wo er konnte, indem er Luther, Bullinger, Butzer und verschiedene Kirchenväter des Altertums las. Aber das befriedigte ihn nicht, da er erkannte, dass sie alle lediglich ihre eigenen Gedanken schrieben. So forschte er wieder im Neuen Testament. Wieder schloss er, dass seine Kirche an einer unbiblischen Taufe festhielt (Kleinkinder durch die Wassertaufe zu Christen zu machen). Dennoch blieb er im Priesteramt.

Menno kehrt um

Der dritte Faktor, der Menno zum Verlassen der römischen Kirche veranlasste, war die Beteiligung seines Bruders an einer Rebellion gegen die Regierung am 7. April 1535. Nach Mennos Meinung besaß sein Bruder nicht die Wahrheit des Evangeliums. Doch war sein Bruder Manns genug, für seine Überzeugungen zu sterben. Menno andererseits kannte die Wahrheit des Evangeliums, hatte jedoch nicht den Mut, ihr zu folgen. Menno kehrte sich dann in Buße und im Glauben zum Herrn und wurde völlig verändert.

Er blieb weitere neun Monate auf seiner katholischen Kanzel, da er hoffte, viele seiner Mitglieder zum Heil im Glauben an Christus zu führen. Als aber Sonntag, der 30. Januar 1536, kam, hatte er beschlossen, seine Priesterstelle und das Priestertum aufzugeben und sich dem friedlichen Flügel der Melchioriten (nach Obbe Philips auch Obbeniten genannt) anzuschließen. Menno wurde dann von einem der Obbeniten-Führer getauft.

Menno wird ordiniert

Etwa ein Jahr lang hielt Menno sich beinahe ganz verborgen. Er gewann hin und wieder einen Bekehrten und nahm ihn in die Obbeniten-Bruderschaft auf. Menno heiratete Gertrude, eine gottselige Frau, die ihm im Laufe der Zeit mehrere Kinder schenkte. Etwa ein Jahr nachdem er sich den Obbeniten angeschlossen hatte, baten ihn sechs oder acht Brüder, die Ordination zum Ältesten der Gruppe anzunehmen. Menno weigerte sich zuerst, indem er sagte, ihm mangele es an den Voraussetzungen oder Qualifikationen. Aber die Brüder lehnten seine Einwände ab. Nachdem er um göttliche Führung gefleht hatte, gab er schließlich nach und wurde zum Ältesten oder Bischof ordiniert. Der Gottesdienst wurde in der Provinz Groningen abgehalten. Menno wirkte in den Niederlanden von 1536–1543; in Nordwestdeutschland (1543–1546), hauptsächlich in der Gegend von Köln; und schließlich in Holstein, (1546–1561), welches damals dem dänischen König unterstand.

Mennos Schriften

Menno schrieb etwa zwei Dutzend Bücher und Büchlein, die der zerstreuten und zuweilen verwirrten Bruderschaft von großer Hilfe waren. Seine Schriften halfen bei der Gründung und beim Zusammenhalten der Gemeinden im Norden. Er reiste viel und wurde mit der Zeit Bezirksaufseher. In dieser Führungsrolle beriet und stärkte er die Ältesten und Prediger in den Niederlanden und Norddeutschland.

Menno starb am 31. Januar 1561, fünfundzwanzig Jahre und einen Tag nachdem er sich den Obbeniten angeschlossen hatte.

Menno lehrte einen neutestamentlichen Glauben

Menno war ein Theologe des Neuen Testaments. Er lehrte die wichtigen Reformationsgrundsätze von der Erlösung durch die Gnade im Glauben und der Bibel als einziger Autorität in Sachen des Glaubens und Lebens. Er verwarf die Kirchentradition als Grundlage der Autorität. Er lehrte auch und war ein guter Verteidiger solcher Täuferlehren wie der von der Freikirche, der Glaubenstaufe, der Christus ähnlichen Liebe und der Wehrlosigkeit, einer Bruderschaftskirche und gläubigem Gehorsam an Christus. Er lehrte ein geheiligtes Leben, glaubte aber nicht, dass man vollkommen werden könne. Er betonte die göttliche Gnade, unterschätzte aber den Gehorsam Gottes Wort gegenüber nicht. Er glaubte an das persönliche Kommen des Herrn Jesus als dem Erlöser und Richter am Ende der Zeit, lehrte aber nicht die 1000-jährige Herrschaft Christi auf Erden. Er betrachtete die Bibel als das Wort Gottes, hielt aber an keiner ungesunden buchstäblichen Auslegung fest. Er glaubte, dass Christus große Bedeutung in unserem Schriftverständnis zukomme, aber er lehrte keine Religion, die „Jesus allein" vertrat, sondern vielmehr das Einssein des Vaters, Sohnes und Heiligen Geistes.

Leider hielt er an der Melchioritenlehre fest, dass

Maria keinen Teil an der menschlichen Natur Jesu habe. Menno vertrat auch den Brauch der „Meidung" ausgeschlossener Mitglieder. „Meidung" bedeutete die Unterbrechung jeglicher Kontakte und Beziehungen zu Mitgliedern, die aus der Gemeinschaft ausgeschlossen worden waren, bis sie Buße taten. Der Brauch war von Obbe Philips eingeführt worden, um die Bruderschaft vor der Gefahr des gewalttätigen Täufertums von der Art der Münsteraner zu retten. Mennos Einfluss war jedenfalls groß, denn die friedlichen Obbeniten wurden innerhalb eines Jahrzehnts nach Mennos Anschluss als „Mennisten" bezeichnet. (Seine Anhänger wurden später Mennoniten genannt).

5.
Auswanderer aus Mitteleuropa

Wegen Verfolgung und Auswanderung nach Mähren, Elsaß, Süddeutschland und später nach Amerika blieben die Mennonitengemeinden der Schweiz klein. Heute gibt es nur ein Dutzend größere Gemeinden.

Die Gemeinden der Niederlande gediehen nach der schlimmen Verfolgung der ersten Generationen. Die Geschichte dieses Wachstums ist im „Märtyrerspiegel" eindrucksvoll erzählt; dieses massive Buch ist noch immer erhältlich. Die Gemeinden in den Niederlanden nahmen dann infolge innerer Schwäche langsam ab.

Die Mennoniten ziehen nach Preußen

Dagegen fanden im sechzehnten Jahrhundert Mennoniten aus den Niederlanden, den verschiedenen nord- und mitteldeutschen Staaten und aus Mähren Zuflucht im Königreich Polen. Sie waren von dortigen Fürsten und Handelsleuten, welche ihr Können als Deichbauer und Landwirte erkannten, eingeladen worden. Die protestantische Freie Stadt Danzig gestattete ihnen kein Wohnrecht in ihren Mauern. Und so siedelten die Mennoniten außerhalb der Stadtgrenzen in Alt-Schottland und im Raum zwischen Weichsel und Nogat. Nach und nach wurden auch Siedlungen südlich flussaufwärts bis nach Thorn hin gegründet. Diese letztgenannten Gegenden lagen allesamt in der polnischen Provinz Westpreußen. Im 18. Jahrhundert wurden neue Siedlungen weiter westlich in Brandenburg, Brenkenhofswalde und in Ostpreußen in der Memelniederung gegründet.

Die Mennoniten in Danzig und Westpreußen unterhielten enge Verbindungen zu den Mennoniten in den Niederlanden. Auch litten sie teilweise unter denselben Teilungen wie die niederländischen Mennoniten. Die schwerwiegendste war die Spaltung zwischen Friesen und Flamen. Während der polnischen Zeit konnten die Mennoniten Privilegien aushandeln, welche ihnen die Befreiung vom Militärdienst brachten. Der Preis hierfür bestand darin, dass ihnen die vollen Rechte als Bürger versagt wurden. In diesem Zeitabschnitt entwickelte sich die Ordnung der mennonitischen Gemeindeleitung: Ältester, Lehrer oder Prediger, Diakon und Vorsänger. Während der ersten Hälfte des 18. Jahrhunderts übernahmen die Mennoniten in Danzig-Westpreußen Deutsch und Plattdeutsch als Gottesdienst- und Alltagssprache.

Als Danzig und Westpreußen durch die Teilungen Polens 1772, 1793 und 1795 unter preußische Herrschaft kamen, wurden die Mennoniten gedrängt, sich für die preußische Armee anwerben zu lassen. Schließlich wurde ihnen die Befreiung vom Militärdienst zugestanden, jedoch im Gegenzug die volle Bürgerschaft verwehrt, jährliche Zahlungen an die Kadettenanstalt in Kulm auferlegt und untersagt, zusätzlich Land zu erwerben. Das Verbot des Landkaufs bewirkte die Entwicklung einer landlosen Klasse. Dies, wie auch der allgemeine Druck, dem sie durch die preußische Regierung ausgesetzt waren, bewegte sie, neue Ansiedlungsmöglichkeiten in Betracht zu ziehen. Die erste Auswanderung in die ukrainische Steppe begann 1788, und sie setzte sich über etwa ein Jahrhundert hin fort. Und für ein Jahrhundert blieb somit der mennonitische Bevölkerungsanteil in Preußen auf einem Stand von etwa 10.000 bis 13.000 Personen.

Obwohl die Mennoniten in Preußen zu Wohlstand

gelangten, widerstanden sie weiterhin dem von der preußischen Regierung propagierten Geist des Nationalismus. Sie gerieten in eine ernsthafte Krise, als 1867 der Norddeutsche Bund unter Führung Preußens gegründet wurde. Dieser Staatenbund hob jegliche Freistellung vom Militärdienst auf. 1868 bot der Bund den Mennoniten einen waffenlosen Dienst unter militärischem Kommando an, jedoch keine gänzliche Freistellung. Die Mehrheit der Mennoniten nahm diese Regelung an. Dennoch wiesen einige diese neue Ordnung zurück und wanderten in den siebziger und neunziger Jahren des letzten Jahrhunderts in die Vereinigten Staaten von Amerika und nach Kanada aus. Durch die Annahme des Militärdienstes wurden den Mennoniten schließlich die vollen Bürgerrechte zuerkannt, und ihre Gemeinden erhielten das Recht, sich amtlich einschreiben zu lassen.

Im Ersten Weltkrieg dienten die meisten deutschen Mennoniten in der Armee, obwohl auch eine gute Anzahl von ihnen einen waffenlosen Dienst als Sanitäter oder beim Tross taten. Die schwierige wirtschaftliche und politische Lage zwischen den beiden Kriegen stellte die deutschen Mennoniten vor schwierige Fragen. 1934, noch bevor das Hitlerregime die Wehrpflicht einführte, erklärten die Mennoniten der Vereinigung, dass sie den Grundsatz der Wehrlosigkeit nicht weiter aufrechterhalten konnten. In der Folge dienten die mennonitischen Männer während des Zweiten Weltkrieges im Militär. Jedoch erbaten und erhielten die Mennoniten das Recht, in der Hitlerzeit den Soldateneid nicht leisten zu müssen.

Als die deutsche Ostfront zusammenbrach und die Truppen sich zurückzogen, flohen 1944/1945 auch die Mennoniten aus Danzig und Preußen oder wurden vertrieben. Auf diese Weise wurde der Existenz der

Mennonitengemeinden in dieser Region ein jähes Ende bereitet. Viele Mennoniten kamen während des Krieges und auf der Flucht ums Leben. Die Davongekommenen siedelten größtenteils im Bereich der 1949 gegründeten Bundesrepublik Deutschland (recht wenige im verbliebenen Ostteil des Landes, der 1949 proklamierten Deutschen Demokratischen Republik, DDR), in Uruguay und in Kanada. Das Vermächtnis des Glaubens lebt in vielen Mennonitengemeinden um die Welt weiter.

Die Mennoniten ziehen nach Russland

Nachdem die Mennoniten länger als zwei Jahrhunderte im Gebiet von Danzig gelebt hatten, begann es ihnen an Raum zu mangeln. Russland jedoch hatte viel unbebautes Land zur Ansiedlung, und die Regierung warb nun um die fleißigen Mennoniten von Preußen als Siedler. Der erste lange Treck verließ das Danziger Gebiet im Jahre 1788 und traf im folgenden Jahr in Südrussland, nördlich des Schwarzen Meers, ein. Hier gründeten sie die „Chortitzer" oder „Alte Kolonie". Im Jahre 1804 wurde eine noch größere Kolonie, die „Molotschna", etwa einhundert Meilen südöstlich der Chortitzer Kolonie, gegründet. Im Jahre 1853 wurde auch die Kolonie „Am Trakt", etwa 500 Meilen im Nordosten in Samara, Saratov Gebiet, gegründet. Sechs Jahre später wurde dann die Kolonie „Alexandertal" (auch „Alt Samara" genannt), hunderte von Meilen weiter nach Nordosten, angelegt. Diese vier Muttersiedlungen wuchsen so stark, dass mit der Zeit 52 Tochtersiedlungen hinzukamen. Im Jahre 1880 wurde von einem Mann namens Klaas Epp eine Kolonie in Turkestan, Mittelasien, gegründet. Insgesamt wanderten 10.000 Mennoniten nach Russland aus.

Zuerst war das Leben in Russland schwer, aber mit der Zeit gediehen die Mennoniten dort und wurden wohlhabend. Ein begabter Leiter namens Johann Kornies (1789–1848) half seinen Glaubensgenossen dabei, die Landwirtschaft und die Schulen zu verbessern. Er half auch bei der Stärkung des Gemeindelebens. Unter den Mennoniten entstanden nun Schulen aller Art, Fabriken, große Güter, Anstalten für Behinderte, Krankenhäuser und so fort.

In den 1870er Jahren veranlasste die Furcht vor möglichem Zwang zum Militärdienst etwa 17.000 Mennoniten, in die USA und nach Kanada auszuwandern. Das war ein großer Verlust für das Mennonitentum in Russland. Aber ein schlimmerer Schlag traf sie, als die Bolschewisten 1917 die Regierung stürzten und eine gesetzlose Zeit herbeiführten. Während dieser Revolution verloren die Mennoniten auch einen großen Teil ihrer Freiheit und litten schwere Verfolgung. Dennoch leben heutzutage schätzungsweise etwa 55.000 Mennoniten in Russland[1]. Die Hälfte davon sind aus dem Hauptstrom der Mennoniten (so genannte „Kirchen"-Gemeinde), und die andere Hälfte sind Angehörige der Mennoniten-Brüdergemeinde, einer neuen Gruppe, die sich 1860 nach einer geistlichen Neubelebung bildete. Darunter haben viele sich schon dem Baptistenbund angeschlossen. Gegenwärtig[2] wandern recht viele Russlandmennonitische Familien unter einem neuen Auswanderungsabkommen nach Deutschland aus.

---

1 Mittlerweile nur noch einige Tausend.

2 Der Buchtext stammt aus dem Jahr 1981. **Aktuelle Zahlen sind im Folgenden in den Fußnoten angegeben.** Quelle der Zahlen von 2009: WMC.

Die Mennoniten treffen in Nordamerika ein

Bereits in den 1640er Jahren kamen Mennoniten aus den Niederlanden in Neu Amsterdam (jetzt New York) und in den 1660er Jahren in Delaware an. Die erste, feste mennonitische Ansiedlung entstand jedoch 1683 in Germantown, Pennsylvanien. Der erste Prediger, William Rittenhouse, scheint 1690 gewählt worden zu sein. 1708 fanden die ersten Taufen und das erste Abendmahl statt. In jenem Jahre wurde auch das erste Versammlungshaus errichtet. Die ersten Mennoniten von Germantown kamen aus Krefeld, Deutschland, aber nach 1707 waren die meisten Siedler schweizerischen Ursprungs. Einige kamen direkt aus der Schweiz und andere aus der Pfalz in Deutschland, wo sie ein oder zwei Generationen lang gelebt hatten. Sie brachten den Pfälzer Dialekt wie ihre lutherischen und reformierten Nachbarn ins südöstliche Pennsylvanien; hier wurde dieser als „Pennsylvania Dutch" (Deutsch) bekannt. Gegenwärtig leben etwa 300.000 getaufte Mennoniten in Nordamerika[3], davon etwa 70 Prozent in den Vereinigten Staaten und 30 Prozent in Kanada. Etwa 14.000 leben in Mexiko[4]. Nordamerika ist zur „Zweiten Welt" der Mennoniten geworden. Hier gedeihen sie wie nie zuvor – mit zwei Ausnahmen: den niederländischen Mennoniten im siebzehnten Jahrhundert und ihren „Enkeln" im neunzehnten Jahrhundert, die nach 1789 in Russland lebten.

Distriktkonferenzen entstehen

Die Mennoniten in Nordamerika waren vor 1750 rein lokalgemeindlich organisiert, denn sie hatten in

---

3 Stand 2009: 523.969 Mitglieder in Nordamerika

4 Stand 2009: 29.277 Mitglieder in Mexiko

Europa keine Distriktkonferenzen. Es scheint, dass ein Hauptanstoß zur Konferenzbildung von Graf Zinzendorf (1700–1760) von Deutschland ausging. Er verbrachte einige Zeit in Pennsylvanien, wo er 1742 sieben „Synoden" oder Gruppen zusammenrief. Sein Ziel war, die „deutschen Sekten" von Pennsylvanien zu einer evangelischen Kirche zusammenzubringen. Unter diesen Gruppen waren die Mähren, Lutheraner, Reformierten, Mennoniten, Schwenkfelder und Tunker (damals die Deutschen Baptisten; jetzt *Church of the Brethren* (Gemeinde der Brüder)). Zinzendorf hatte bei diesem Vorhaben aber keinen Erfolg.

Die frühen amerikanischen Mennonitenführer gründeten keine regionalen Organisationen wie es zum Beispiel die synodengesinnten Lutheraner taten. Ihre Prediger jedoch kamen gerne zweimal jährlich zu gegenseitigem Rat und Gemeinschaft zusammen. Diese inoffiziellen Predigerzusammenkünfte hatten keine Vorstände, keine Tagesordnung, kein Programm und leider keine Protokolle. Die Versammlungen gewannen langsam an Bedeutung. Später wurden die Ältesten und Bischöfe der Versammlung als die offiziellen Vertreter der Gemeinden anerkannt. Bis in die ersten Jahrzehnte des zwanzigsten Jahrhunderts stimmten die Gemeinden stets darüber ab, die Entscheidungen ihrer Konferenzvertreter anzunehmen oder abzulehnen. Diese mennonitischen Zusammenkünfte machten jede Gruppe selbstbewusster. Obwohl es zuerst ausschließlich Predigerversammlungen waren, entstanden daraus die Franconia-Konferenz nördlich von Philadelphia und etwas später die Lancaster-Konferenz westlich von Philadelphia.

Die Hauptgebiete werden besiedelt

Wie wir bereits sahen, entstand 1683 die erste ständige mennonitische Ansiedlung Nordamerikas in Germantown. Aber Germantown verlor mit der Zeit die meisten seiner Ansiedler an die Gemeinden im Norden, in der heutigen Franconia-Konferenz. Der Bevölkerungsschwerpunkt befand sich etwa dreißig Meilen nördlich von Philadelphia in der Nähe der heutigen Ortschaft Souderton. Es entstand eine Anzahl von Gemeinden. Im Jahre 1976 hatte die Konferenz beinahe 6.000 getaufte Mitglieder, mit etwa 2.000 ungetauften Kindern und Säuglingen.

Die ersten Siedler der heutigen Lancaster-Konferenz kamen 1710 direkt aus der Schweiz. Viele weitere Siedler kamen in den folgenden Jahrzehnten, und die Siedlungen entstanden zuerst in zwei breiten Tälern – den Gebieten des Pequea-Baches und des Conestogo-Flusses. Der Bevölkerungsschwerpunkt befand sich in der Nähe der heutigen Stadt Lancaster. Im Jahre 1976 hatte die Lancaster-Konferenz 186 Gemeinden und mehr als 16.000 Mitglieder mit einer beträchtlichen Zahl von ungetauften Säuglingen und Kindern.

Die Lancaster-Konferenz gründete eine neue Konferenz im Landkreis Washington, Maryland und im Landkreis Franklin, Pennsylvanien. Dieser Bezirk wurde später in Washington-Franklin-Süd und Washington-Franklin-Nord aufgeteilt. Neue Ansiedlungen entstanden auch im Shenandoah-Tal in Virginia und in der Provinz Ontario, Kanada. Diese Siedler kamen hauptsächlich von Lancaster und Franconia.

Gruppen von Einwanderern treffen ein

Die frühe Mennonitenkirche in Nordamerika ging hauptsächlich aus Wellen von Einwanderern, die religiöse Freiheit und neues Land zur Ansiedlung suchten, hervor. Unter diesen Einwanderergruppen waren die folgenden:

1. Einhundert Mennoniten vom Niederrheingebiet in Deutschland kamen in der Zeit 1683–1705 nach Germantown, Pennsylvanien.
2. Mehrere tausend deutschsprachige Mennoniten schweizerischer Herkunft kamen aus der Schweiz und Deutschland nach Pennsylvanien, hauptsächlich zwischen 1707 und 1754. Dutzende von amischen Familien, ebenfalls schweizerischer Herkunft, kamen in der ersten Hälfte des achtzehnten Jahrhunderts nach Pennsylvanien. (Die Amischen hatten sich 1693 von den Mennoniten in Europa getrennt, weil sie mehr ihre älteren Gebräuche beibehalten wollten.)
3. In der Zeit nach Napoleon (1815–1860) ließen sich mehrere tausend weniger konservative Amische in Ohio, Ontario, Illinois und Indiana nieder.
4. Mehrere hundert Schweizer Mennoniten machten sich in Ohio und Indiana ansässig, hauptsächlich zwischen 1820 und 1860.
5. Mehrere hundert schweizerische Mennoniten aus der deutschen Pfalz kamen nach dem amerikanischen Bürgerkrieg (1861–1865) nach Ohio, Indiana und Illinois.
6. Mehrere hundert schweizerische Mennoniten aus Galizien und Wolhynien ließen sich in Kansas und dem heutigen Süddakota nieder (1875–1880). Dies ergibt eine Gesamtzahl von etwa 8.000 mennonitischen Einwanderern schweizerischer Herkunft.

Die Mennoniten von hauptsächlich niederländischer Herkunft kamen in drei Hauptgruppen nach Nord- und Südamerika:

1. Da sie den Verlust der Wehrdienstfreiheit befürchteten, verließen etwa 17.000 Mennoniten zwischen

1873 und 1880 Russland und siedelten sich in Manitoba, Minnesota, Süddakota, Nebraska und Kansas an.
2. Nach der russischen Revolution, der darauf folgenden Hungersnot und den Banditenüberfällen verließen rund 25.000 Mennoniten Russland zwischen 1922 und 1930. Etwa 21.000 siedelten sich in Kanada an und die übrigen wanderten nach Mexiko, Brasilien und Paraguay aus.
3. Nach dem Zweiten Weltkrieg siedelten sich weitere 7.000 in Kanada und weitere 5.000 in Argentinien, Uruguay und Paraguay an.

Die Gesamtzahl der mennonitischen Auswanderer aus Russland: 36.000 nach Kanada, 10.000 in die USA und 10.000 nach Südamerika (statistische Angaben nach dem Stand von 1976).

Heutige Hauptgruppen

Die größte Gruppe der amerikanischen Mennoniten sind die so genannten „Altmennoniten", die sich aber selbst einfach „Mennoniten" nennen. Sie haben knapp 100.000 getaufte Mitglieder in den USA und mehr als 10.000 in Kanada. Sie haben ihren Ursprung zum großen Teil in den schweizerischen Mennoniten, die im achtzehnten Jahrhundert nach Pennsylvanien kamen, und in den fortschrittlichen Amischen, die im neunzehnten Jahrhundert in die USA und nach Ontario kamen. Diese beiden Gruppen verschmolzen dann in der ersten Hälfte des zwanzigsten Jahrhunderts miteinander.

Ein fortschrittlicher Führer aus Pennsylvanien namens John H. Oberholtzer trat 1847 aus der Franconia-Konferenz aus. Ihm folgten etwa ein Viertel der Konferenzmitglieder und sie gründeten 1860 die Allgemeine Konferenz der Mennoniten (General Conference Mennonite Church). Heute setzt sich diese Gruppe hauptsächlich aus Mennoniten aus Russland zusammen, die in den 1870er, 1920er, sowie Ende der 1940er und Anfang der 1950er Jahre nach Nordamerika kamen. Sie haben etwas mehr als 60.000 Mitglieder in Nordamerika – über 23.000 in Kanada und etwa 37.000 in den USA.

Die dritte Hauptgruppe der Mennoniten in Nordamerika ist die Mennoniten-Brüdergemeinde. Sie hatte ihren Ursprung 1860 in Russland als Erneuerungsgruppe und übernahm die Untertauchstaufe (die anderen Gruppen übten die Begießungstaufe). Diese Gruppe ist wegen ihrer evangelistischen und missionarischen Bestrebungen bekannt. Sie haben z. B. mehr Mitglieder in Übersee als in Nordamerika. Ihre nordamerikanische Mitgliederzahl beläuft sich auf etwa 38.000, mit einigen tausend mehr Mitgliedern in Kanada als in den USA.

Die meisten nordamerikanischen Mennoniten sind jetzt englischsprachig (außer einigen Einwanderern aus Europa in der jüngsten Zeit und einigen spanischen und amerikanischen Indianergemeinden). Fast alle sind in der Sonntagsschularbeit, Mission und anderen Diensten tätig. Sie haben mehrere höhere Schulen und Colleges, Bibelcolleges, Seminare, Verlage und andere Dienstorganisationen. Einzelheiten dieser Tätigkeit sind im *Mennonite Yearbook* (Mennonitischen Jahrbuch) für Nordamerika, im niederländischen *Doopsgezind Jaarbekje* (Taufgesinnten Jahrbuch), dem „Jahrbuch" der deutschen Mennoniten und den verschiedenen Schriften der Mennonitischen Weltkonferenz, deren Zentrale sich gegenwärtig in Lombard, Illinois, befindet, zu finden.

Andere Mennonitengruppen

Unter den anderen Mennonitengruppen gibt es die *Old Order Mennonites* (Altmennoniten). Diese Gruppen verwarfen neuere Einrichtungen wie die Sonntagsschule und benutzen in einigen Fällen weiterhin die deutsche Sprache im Gottesdienst. Unter diesen sind: *Old Order Mennonites* (Wisler, Horning, Wenger), Sommerfelder, Alt-Kolonier, Rheinländer und Reformierte Mennoniten – mit Mitgliederzahlen von weniger als eintausend bis zu 10.000. Die größte Gruppe ist die *Church of God in Christ, Mennonite* (Gemeinde Gottes in Christo), zuweilen nach ihrem Gründer, John Holdeman (1832–1900), Holdeman-Mennoniten genannt.

Die konservativste der kleineren Gruppen sind die *Old Order Amish* (Altamische Gemeinde), die jetzt nahezu 25.000 getaufte Mitglieder haben. Sie tragen eine besondere Tracht, halten an ihrem Pfälzer und Schweizer Deutsch fest, benutzen keine Autos, sondern Pferd und Wagen, halten ihre Gottesdienste in Häusern und Scheunen ab und führen ein stilles, friedliches Leben auf ihren prächtigen Farmen. Wegen ihrer großen Familien könnte diese Gruppe etwa 75.000 zählen, einschließlich ungetaufter Jugendlicher und Kinder. Fast alle von ihnen leben in den USA. Die Beachy-Amischen benutzen Autos und halten ihre Gottesdienste in Versammlungshäusern ab. Sie zählen etwa 4.000. Die Hutterer sind den Amischen sehr ähnlich, mit der Ausnahme, dass sie in geschlossenen Kolonien leben. Jede Kolonie ist ein Bruderhof. Sie sprechen eine Art Deutsch, dessen Herkunft auf Tirol und Transylvanien vor mehreren Jahrhunderten zurückzugehen scheint.

Die *Brethren in Christ* (Brüder in Christo) üben das alte Liebesmahl der christlichen Kirche und taufen durch Untertauchen. In den letzten Generationen sind die *Brethren in Christ* auch von der wesleyschen Lehre von der „Heiligung" beeinflusst worden. *Messiah College* bei Harrisburg, Pennsylvanien, ist ein College der *Brethren in Christ*, während ihr Verlagshaus sich in Nappanee, Indiana, befindet. Sie zählen 12.500 in Nordamerika.

Die Mennoniten arbeiten zusammen

Fast alle Gruppen von Mennoniten unterstützen ihre Hilfsorganisation, das Mennonitische Zentral-Komitee (*Mennonite Central Committee*), Akron, Pennsylvanien. Als „MCC" bekannt, ist diese Hilfs- und Dienstorganisation im Namen Christi in aller Welt tätig. Und viele Mennoniten in der Welt unterstützen auch die Mennonitische Weltkonferenz, die alle fünf oder sechs Jahre zusammentrifft; allerdings entsenden die Amischen und Hutterer sowie einige andere Gruppen bis jetzt noch keine offiziellen Delegierten. Die Mennoniten arbeiten häufig bei Missions-, Dienst- und Literaturprojekten zusammen.

6.
Auf dem Erdball verstreut

Wir haben bereits gesehen, dass der schweizerische Zweig der Täuferbewegung des sechzehnten Jahrhunderts in Mitteleuropa entstand. Von dort breitete er sich auf Süddeutschland und Österreich, besonders auf Mähren, aus. Dort hatte der hutterische Zweig der Kirche 1528 seinen Ursprung. Heute leben fast alle Hutterer in Nordamerika.

Melchior Hofmann trug die freikirchliche Botschaft 1530 in die Niederlande. Bald danach forderte die Verfolgung im sechzehnten Jahrhundert etwa 2.500 Märtyrer in den Niederlanden und in Norddeutschland. Eine gleich große Zahl starb auch in Süddeutschland, Österreich und in der Schweiz um ihres Glaubens willen. Aber im siebzehnten Jahrhundert vermehrten sich die Mennisten oder Doopsgezinden in den Niederlanden rasch. Sie erreichten eine Zahl von insgesamt 160.000, wovon möglicherweise 120.000 getaufte Mitglieder waren. Dann aber begann ein starker Niedergang und um 1800 war die niederländische mennonitische Kirche am Aussterben. Um zu überleben schlossen sich die Gemeinden zusammen, um ihr Seminar in Amsterdam zu unterstützen und den schwächeren Gemeinden zum Wachstum zu verhelfen. Dieses Bestreben hatte eine Zeit lang Erfolg. Dennoch sinkt die Zahl heute wieder langsam. Heute gibt es dort etwa 26.000 Mitglieder[5] in ca. 140 Gemeinden. Es sind jetzt starke Bestrebungen im Gange, um diesen Prozess rückgängig zu machen,

5 2009 nur noch 9.025 Mitglieder

besonders von Seiten einer Erneuerungsorganisation, die „GDB" genannt wird (niederländische Abkürzung für die Gemeinschaft der Arbeit der mennonitischen Bruderschaft). Das Licht darf im Lande von Menno Simons nicht erlöschen.

In Nord-, Mittel- und Süddeutschland wurde die ursprüngliche Täuferbewegung hauptsächlich durch Verfolgung vernichtet: Durch Haft, Folter, Wasser, Feuer und Schwert. Die süddeutschen Mennoniten von heute gehen auf spätere schweizerische Einwanderer zurück, während sie im Norden hauptsächlich niederländischer Herkunft sind. Die deutschen Mennoniten zählen heute[6] etwa 25.000 getaufte Mitglieder in etwa 130 Gemeinden. Etwa 3.000 Mitglieder leben in 12 Gemeinden in der Schweiz[7].

Eine wichtige Entwicklung des letzten Jahrzehnts[8] ist die Ankunft von rund 100.000 Umsiedlern mennonitischer Herkunft aus der Sowjetunion in der Bundesrepublik Deutschland.[9] Diese sind in etwa drei Gruppen verteilt: Jene, die sich als Mennoniten-Brüder identifizieren, andere, die den „kirchlichen" Gemeinden angehören, und wieder andere, die Mitglieder der Baptistenunionsgemeinden wurden, ehe sie ihre frühere Heimat verließen. Dieser letzte größere Umzug brachte einige Familien auch in andere Länder, so auch nach Kanada.

Die Mennoniten von Frankreich, hauptsächlich

---

6 Im Jahr 2009 zählten die deutschen Mennoniten bereits 46.067 Mitglieder in 190 Gemeinden. Davon sind ca. 5.700 Alteingesessene (57 Gemeinden) und ca. 40.000 Eingewanderte (ca. 140 Gemeinden), wobei viele schon hier geboren sind.

7 Stand 2009: 2.500 Mitglieder in 12 Gemeinden.

8 Von der ersten Auflage (1982) her zu sehen.

9 Seit 1970 sind ca. 170.000 Personen mit mennonitischem Hintergrund eingewandert, die aber größtenteils sich nicht zum Glauben bekennen.

schweizerischer Herkunft, gehören zwei Konferenzen an:

1. Zwölf deutschsprachige Mennonitengemeinden haben insgesamt 1.200 Mitglieder. Sie übernehmen allmählich die französische Sprache.

2. Dreizehn französische Gemeinden zählen etwa 1.200 Mitglieder.

1981 im Frühjahr haben sich beide Konferenzen zu einer Konferenz aller französischen Mennonitengemeinden zusammengeschlossen.[10]

Auf Grund der Missionstätigkeit nordamerikanischer Mennoniten gibt es jetzt auch acht kleine Gemeinden in Österreich mit insgesamt 400 Mitgliedern[11]. Es gibt auch eine kleine Gemeinde in Italien, die 48 Mitglieder[12] hat.

In der Zeit vom Ende des achtzehnten Jahrhunderts bis zum Ersten Weltkrieg wurde die Wehrlosigkeit als Kriegsdienstverweigerung allmählich in Europa aufgegeben. Die Kirche begann, – angefangen in den Niederlanden – langsam wieder den Militärdienst anzunehmen. Diese Auffassung verbreitete sich allmählich in Süddeutschland, Frankreich und in der Schweiz. Seit dem Zweiten Weltkrieg herrscht wieder reges Interesse daran, durch Zivildienst dem Friedensfürsten zu folgen, statt Militärdienst zu leisten. Dies ist in den Hauptländern, wo die Mennoniten leben, gesetzlich möglich. Die einzige Ausnahme ist die Schweiz. Dort können sie innerhalb des Heeres einen waffenlosen Dienst leisten, im Allgemeinen im Sanitätsdienst.

---

10 Stand 2009: 2100 Mitglieder in Frankreich
11 Stand 2009: 424 Mitglieder in Österreich
12 Stand 2009: 250 Mitglieder in Italien

In Europa, einschließlich der Sowjetunion, gibt es heutzutage also beinahe 100.000 Mennoniten[13].

Die Mennoniten der anderen Kontinente der Welt sind hauptsächlich das Resultat von Auswanderungswellen und dem natürlichen Wachstum von Familien in diesen Gebieten. Dies umfasst die Mennoniten in Mexiko (über 13.000)[14], in Paraguay (etwa 9.000)[15], in Belize (1.600)[16], in Bolivien (9.000)[17], in Brasilien (4.000)[18] und in Uruguay (etwa 750)[19].

Mennoniten beginnen Missionsarbeit

Die moderne Missionstätigkeit hat jedoch eine noch größere Zahl von Mennoniten in anderen Teilen der Welt zur Folge gehabt. Und diese Missionsarbeit besteht erst seit etwa 125 Jahren[20].

Die ursprünglichen Mennoniten, zuerst Täufer genannt, waren sehr evangelistisch gesinnt. Daher verbreitete sich die Bewegung mit bemerkenswertem Erfolg im deutschen und niederländischen Sprachraum Europas. Aber die Verfolgung war sehr hart. Und innerhalb einer oder zwei Generationen kamen die Mennoniten zu der Überzeugung, dass es hoffnungslos war, zu versuchen, Menschen zum Glauben zu führen. Die Mitglieder wollten nicht in die Nachfolge Christi treten. Allmählich erkalteten die Missionsbestrebungen.

Jedoch begannen diese Bemühungen in der ersten Hälfte des neunzehnten Jahrhunderts allmählich

13 Stand 2009: 64.740 Mitglieder in Europa
14 Stand 2009: 29.277 Mitglieder in Mexiko
15 Stand 2009: 32.217 Mitglieder in Paraguay
16 Stand 2009: 4.129 Mitglieder in Belize
17 Stand 2009: 18.848 Mitglieder in Bolivien
18 Stand 2009: 11.058 Mitglieder in Brasilien
19 Stand 2009: 1.442 Mitglieder in Uruguay
20 Stand 1981.

wieder in Erscheinung zu treten. Die Morgenröte des modernen mennonitischen Interesses an der Auslandsmission begann in den Niederlanden. Von dort ging das Interesse langsam auf Russland, Deutschland, Frankreich, die Schweiz und Amerika über.

Lateinamerika

Etwa drei Viertel der Mennoniten von Lateinamerika, einschließlich Mexiko, sind geborene Mennoniten oder deren Nachkommen. Die anderen sind das Resultat der Missionsbestrebungen der Mennoniten aus aller Welt seit dem Ersten Weltkrieg.

Die Missionstätigkeit in Lateinamerika ist hauptsächlich ein Bestreben des zwanzigsten Jahrhunderts, was die Mennoniten anbelangt. Und so beläuft sich die Mitgliederzahl unter den lateinamerikanischen Mennoniten infolge der Missionsarbeit nach dem heutigen Stand[21] auf etwa 12.000. Viele Länder haben immer noch weniger als eintausend Mitglieder: Kolumbien, Costa Rica, die Dominikanische Republik, Jamaika, Nicaragua, Panama und Puerto Rico. Argentinien hat über 1.200 Mitglieder in 29 Gemeinden. Brasilien zählt etwa 3.600 Mitglieder in 74 Gemeinden. In Paraguay führte die Mission unter den Indianern zu einer Zahl von 2.700 indianischen Gläubigen in zwölf Gemeinden. Die Gesamtzahl der lateinamerikanischen Mennoniten beläuft sich heute auf etwa 42.500 getaufte Mitglieder.[22]

Asien

Die Zahl der Mennoniten in Asien ist in Indonesien besonders groß. Dies war das erste ausländische

---

21 D.i. 1981; betrifft im Folgenden alle Zahlen. Aktuelle Zahlen werden in den Fußnoten genannt, Quelle: WMC.

22 Stand 2009: 169.864 Mitglieder in Lateinamerika und Karibik

Missionsfeld der europäischen Mennoniten. Es wurde mit Unterstützung der Russlandmennoniten von den Niederländern begonnen. Die Arbeit ging bis in unsere Generation hinein sehr langsam voran. Dann entfachte der Geist Gottes plötzlich neues Leben, neue Freude und neue Begeisterung in der indonesischen Mennonitenkirche. Der Glaube begann sich wie ein Feuer in den vielen Dörfern Javas zu verbreiten. Heute gibt es etwa 53.000 Mitglieder in etwa 150 Gemeinden. Viele dieser Mitglieder sind der Herkunft nach Javaner, außer einigen Gruppen von chinesischer Herkunft, die auch Indonesisch sprechen. Aber Tausende von Bekehrten erhalten Unterweisung, und wenn die Mitgliederzahlen zu einem Zeitpunkt zusammengetragen werden, sind sie bereits veraltet. Wenn der Herr das Werk weiter so segnet wie jetzt, dann wird die indonesische Kirche bald 75.000 oder noch mehr Mitglieder haben[23]. Vielleicht gebraucht der Herr die Kirche, um das Land für Christus zu gewinnen. Der Herr segnet die Gemeinden mit besonderen Gebetserhörungen. Die Gaben des Geistes ähneln denen im neutestamentlichen Buch der Apostelgeschichte.

Die Gesamtzahl der Mennoniten in Indien beträgt etwa 42.000.[24] Viele der dortigen Missionsgemeinden wurden von der Mennonitenbrüdergemeinde gegründet. Die Allgemeine-Konferenz-Gemeinden haben dort etwa 4.500 Mitglieder, während die Mennonitenbrüdergemeinde über 25.000 haben. Andere Mennonitengemeinden zählen ca. 6.000 Mitglieder.

Unter den sehr jungen Kirchen Asiens sind die

23 Stand 2009: 88.458 Mitglieder in Indonesien
24 Stand 2009: 156.922 Mitglieder in Indien

Mennonitenkirchen von Japan (ca. 2.400 Mitglieder)[25], Taiwan (1.000)[26] und Vietnam (150)[27].

Es gibt ungefähr 300 Mennoniten, die in Australien zerstreut leben, die jedoch keine wirkliche Gemeinschaft von Mensch zu Mensch haben. Einer von ihnen, Foppe Brouwer, gibt ein niederländisches und englisches Blatt mit dem Titel „De Mennist" (Der Mennonit) heraus. Durch diese Publikation versucht er, mit den in jenem großen Land zerstreut lebenden Mitgliedern Kontakt zu halten. Im letzten Jahr (1980) hat sich eine Gruppe unter seiner Führung als Gemeinde mit ca. 100 Mitgliedern zusammengeschlossen. In ganz Asien gibt es über 100.000 getaufte Mitglieder.[28]

Afrika

Der größte Teil der mennonitischen Kirche in Afrika ist aus den Missions- und Gemeindebaubestrebungen der frühen und mittleren Jahre des 20. Jahrhunderts hervorgegangen. Die dortige mennonitische Kirche könnte in den kommenden Jahrzehnten der am schnellsten wachsende Teil der Kirche sein. In Zaire[29] gibt es schon 63.000 Mitglieder und in Tanzania[30] über 11.000. Nigeria[31] hat über 5.000, Zimbabwe (Rhodesien) ca. 4.000, Zambia über 6.000, Kenya über 2.400, Äthiopien 7.000 und Ghana über 750 Mitglieder. Die Gesamtzahl der getauften Mitglieder in Afrika beläuft sich auf etwa 100.000.[32]

---

25 Stand 2009: 2.967 Mitglieder in Japan
26 Stand 2009: 1.717 Mitglieder in Taiwan
27 Stand 2009: 8.022 Mitglieder in Vietnam
28 Stand 2009: 265.447 Mitglieder in Asien und im Pazifik
29 Stand 2009: 220.444 Mitglieder in Kongo (ehem. Zaire)
30 Stand 2009: 64.534 Mitglieder in Tanzania
31 Stand 2009: 19.167 Mitglieder in Nigeria
32 Stand 2009: 592.106 Mitglieder in Afrika

Zurzeit ist Charles Christano Präsident der Mennonitischen Weltkonferenz.[33] Christano ist Indonesier, wohnhaft in Pati auf der Insel Java. Als ernst gesinnter Christ und aktiver Zeuge hat er treue Dienste als ehemaliger Vorsitzender der Muria indonesischen christlichen Kirche geleistet. Als Pastor bedient er heute die 1.000 Mitglieder zählende Mennonitengemeinde bei Kudus.

33 Seit 2012 ist es der kolumbianische Theologe César Garcia.

7.
Blick in die Zukunft

Die weltweite mennonitische Familie hat etwa 925.000 getaufte Mitglieder[34], einschließlich der Amischen und Hutterer. Davon leben 315.000 in Nordamerika[35] (etwa 88.000 in Kanada und 227.000 in den Vereinigten Staaten). Aber in Afrika und Indonesien wächst die mennonitische Kirche am schnellsten. Die Zukunft der Kirche liegt bei diesen jungen, wachsenden Gemeinden. Die Herausforderung an diese jungen Kirchen ist, einen Lehrdienst aufrechtzuerhalten, um die neuen Gläubigen fest in den neutestamentlichen Lehren Christi zu gründen – wie sie so wirksam von den Täufern verkündigt wurden.

Neben diesen neuen Gelegenheiten und dem Ansporn zu Wachstum erhebt sich eine Gefahr: Dass diese jungen Kirchen die äußeren und formellen Eigenschaften der ursprüngliche Vision beibehalten, dann aber zulassen, dass ein äußerer Formalismus, sogar gesetzliches Wesen, die Bewegung trübt. Falls dies geschieht, besteht die Gefahr, dass die Bewegung sich wie eine Schildkröte unter ihren Panzer zurückzieht, wenn sie einem Konflikt aus dem Wege gehen will. Wenn das geschieht, dann geht der Missions- und Evangelisationsgeist verloren.

Christus bietet Hoffnung

Wenn die Kirche in wahrer Nachfolge ihres Herrn mit der guten Nachricht des Wortes Gottes vorangeht, bringt Christus Seine Nachfolger zu einer immer

34 Stand 2009: 1.616.126 Mitglieder weltweit.
35 Stand 2009: 523.969 Mitglieder in Nordamerika.

treueren Auffassung der Heiligen Schrift. Durch ständiges Ausgießen Seiner Liebe führt Er sie beim Bau Seines Reiches. Dieses weltweite Reich ist auf Christi Menschwerdung, Lehren, Sühnetod, glorreiche Auferstehung und Auffahrt zu Gottes rechter Hand gegründet. Von dieser Höhe der Macht und Autorität goss er am Pfingsttag seinen Heiligen Geist über die Frühkirche aus – und tut dies heute noch.

Die Gemeinde muss stets auf den Christus der Geschichte schauen, der Sein Volk durch den Heiligen Geist führt. Die Gemeinde ist dann in der Lage, Irrlehre zu erkennen und zu verwerfen, die Wahrheit zu erkennen und ihr zu folgen und die frohe Botschaft in der Pfingstkraft zu verkünden. Wenn dies geschieht, werden Sünder überführt und bekehrt, Herzen neugeschaffen und Leben verwandelt. Kurz, die Gemeinde muss Christus als Heiland und Herrn erkennen. Dann gibt es Hoffnung für sie.

Vom Geist erfüllte Gläubige sind bereit, ein Teil einer leidenden Kirche zu sein, eines Reiches, das sich auf göttliche Liebe und Gerechtigkeit gründet. Diese neue Gemeinschaft ist eine Gemeinschaft heiliger Freude und geistlichen Wohlbefindens (Friedens) im Heiligen Geist. Die Mitglieder einer solchen Gemeinschaft feiern froh mit der Wassertaufe den Anfang ihres neuen Lebens in Christus. Sie sind bereit, Böses von anderen zu erleiden, aber niemandem etwas Böses anzutun. Sie sprechen mit einer neuen Zunge die Sprache der Liebe Gottes. Sie nennen nichts auf Erden ihr Eigen, sondern stehen bereit, ihre Mittel zur Erweiterung und Stärkung der Gemeinde Jesu Christi einzusetzen.

Die Glaubenstaufe, die Wehrlosigkeit und der Vorrang für Christi Reich sind daher keine kalten intellektuellen Begriffe oder Ideale. Sie sind Teil einer persönlichen Begegnung und eines Wandels mit Jesus Christus. Er zeigte uns den Weg, auf dem wir wandern sollen, wenn wir in den Himmel kommen wollen. Jene herrliche Welt kann nur auf dem Weg des Kreuzes erreicht werden. Dies ist der Kern des täuferisch-mennonitischen Glaubens, den wir auf der ganzen Erde verbreiten.

Kornelius Krahn

Menno Simons
Paperback
64 Seiten

ISBN 978-3-932308-02-4
CMV Best.-Nr.: 30802

„Denn es gibt auf Erden nichts,
das ich so liebe,
wie die Gemeinde."

M. Simons

(In seinem Brief
an seinen Schwager Reyn)

J. C. Wenger

Was glauben die Mennoniten?
Paperback
96 Seiten

ISBN 978-3-932308-13-0
CMV Best.-Nr.: 30813

Dieses Buch untersucht gemeinsame Glaubensinhalte von Christen aller Konfessionen und hebt diejenigen hervor, die von den Mennoniten betont werden. Da sie wie auch alle anderen Christen den Belastungen der modernen Welt gegenüberstehen, betonen nicht alle Mennoniten die gleichen Glaubensinhalte.

Bis zum 19. Jahrhundert befanden sich die meisten Mennoniten in Europa und Nordamerika. Doch im Laufe des 20. Jahrhunderts hatten die missionarischen Bemühungen, die karitativen Aktivitäten und die Gnade Gottes die weltweite Gemeinschaft der Mennoniten zur Folge.

Ein Buch für jeden, der interessiert fragt: „Mennoniten – was glauben sie eigentlich?“ Kein langweiliges, sondern ein sehr ansprechend aufgebautes Buch mit vielen kurzen Kapiteln und knapp formulierten Erklärungen.